Das Bu

Die Er
der He
Punkte
daß es noch im Jahre 1782, kurz vor der französischen
Revolution, in der Schweiz zu einer Hinrichtung kam.
Das Opfer war die Dienstmagd Anna Göldin, eine schöne, eigenwillige Frau mit einem für ihre soziale Stellung
charakteristischen Lebenslauf: ärmliche Herkunft, stän-
dige Abhängigkeit von den wechselnden Dienstherren,
zwei Schwangerschaften, eine Anklage wegen Kinds-
mord. Ihre letzte Stellung tritt sie an bei einem reichen
Arzt im Kanton Glarus. Als ein Kind der Familie anfängt, »Nadeln zu spucken«, verdächtigt man sie der
Zauberei. Anna Göldin gerät zwischen die Mühlen eines
bornierten, frauenverachtenden Justizapparats, der Prozeß wird zu einer machtpolitischen Auseinandersetzung
der ansässigen Provinzgroßbürger, in deren Verlauf sie
auf der Strecke bleibt.

Die Autorin

Eveline Hasler stammt selbst aus dem Schweizer Kanton
Glarus. Sie studierte Psychologie und Geschichte, war
einige Zeit als Lehrerin tätig und begann dann zu schrei-
ben, zunächst Jugendbücher, für die sie inzwischen mit
vielen Preisen ausgezeichnet wurde. Weitere Werke:
›Novemberinsel‹ (1979), ›Ibicaba. Das Paradies in den
Köpfen‹ (1985), ›Der Riese im Baum‹ (1988), Romane;
›Freiräume‹ (1982), Gedichte.

Eveline Hasler:
Anna Göldin
Letzte Hexe
Roman

Deutscher
Taschenbuch
Verlag

Von Eveline Hasler
sind im Deutschen Taschenbuch Verlag erschienen:
Novemberinsel (10667)
Ibicaba (10891)
Der Buchstabenvogel (dtv junior 7516; auch dtv 7563)
Der Buchstabenclown (dtv junior 7530; auch dtv 7572)
Der Buchstabenräuber (dtv junior 7532; auch dtv 7584)
Der wunderbare Ottokar (dtv junior 7578)

Ungekürzte Ausgabe
1. Auflage September 1985
Deutscher Taschenbuch Verlag GmbH & Co. KG,
München
© 1982 Benziger Verlag, Zürich · Köln
ISBN 3-545-363256-2
Umschlaggestaltung: Celestino Piatti
Gesamtherstellung: C. H. Beck'sche Buchdruckerei,
Nördlingen
Printed in Germany · ISBN 3-423-10457-0
6 7 8 9 10 · 94 93 92 91 90

Befiehl den Steinen, daß sie Brot
werden, sagte der Teufel.

Matth. 4,1

Die durch Anführungszeichen gekennzeichneten und kursiv gesetzten Stellen sind den Gerichtsakten oder zeitgenössischen Dokumenten entnommen.

Anna, traurige Berühmtheit.

Steine, wo man hinschaut, wenn man auf ihrer Spur zurückgeht. Dort, wo die Göldin herkommt, im Sennwald, sind Wiesen und Äcker abschüssig, voller Geröll, Felsen wachsen aus ihnen heraus, Berge mit Zacken, Hörnern, Bröckelgestein.

Irgendwann ging ein Bergsturz von den Kreuzbergen nieder zum Rhein; Tannen halten bei Salez die Brocken mit ihren Wurzeln im Griff, nichts rollt mehr, der Staub hat sich verzogen, Vögel fliegen durch die Zweige, ein scheinheiliger Friede.

Steine hatten auch der kleinen Grafschaft den Namen gegeben: Sax, Sassum, Stein. 1615, als den Grafen von Sax das Geld ausging, nur noch Steine übrigblieben, haben sie das Gebiet den Zürchern verkauft; bis zur Revolution steht es unter der »gewalt und bothmässigkeit des Löbl. Standes Zürich«.

Die Zürcher, die einmal Leben und Gut eingesetzt haben für ihre Freiheit, schicken Vögte, einen Ziegler, einen Ulrich, der wohnt auf Forsteck, auf den Felsen des Bergsturzes, wo die Buchen eine Lichtung ausgespart haben, sitzt an seinem schweren Eichentisch, führt in Frey- und Eigen-Büchern säuberlich Buchhaltung über die Untertanen. Da gibt es freie und unfreie Familien und solche, in denen diese beide Kategorien von Abhängigkeit vermengt sind: Heiratet eine Freie einen Unfreien oder umgekehrt, so gehört das erste Kind dem Vogt, das zweite ist frei, das dritte unfrei und so fort. Aber auch die sogenannten Freien unterstehen der zürcherischen Obrigkeit, sie haben sich nur von gewissen Abgaben freigekauft. Auf Annas Spuren habe ich in diesen Büchern nach den Bebauern der steinigen Äcker gesucht. Schon im 18. Jahrhundert heißen mehr als ein Drittel der Einwohner von Sennwald Göldi. Ein Name, in dem kaum Gold steckt,

eher der im Dialektwörterbuch vermerkte Wortstamm
Gôl, Gôleten, Geschiebe, Geröll. Auch die Vornamen
gleichen sich: so viele Annas, so viele Anna Göldin.

Um die Zeit, in der Anna geboren wurde, Ende August
1734, hatte ihr Vater die ersten Kartoffeln gepflanzt, auch
ein Band mit Mais, »Türken« genannt. Mit diesen neuen
Gewächsen konnte man sich für eine Weile dem obrigkeitlichen Zehnten entziehen, Verordnungen, die von den
gnädigen Herren und Obern in Zürich visiert und appro-
biert wurden, hinkten hintendrein, eine Galgenfrist, dank
der man überlebte.

In Adrian Göldis Flachsfeld steht ein gewaltiger Fels-
brocken. Das Kind Anna kennt ihn genau, seine Fugen,
Kerben, aus denen Zittergras und Storchenschnabel wachsen, die weißlichen Quarzadern. Eine Burg mit Zinnen, ein
kleines Forsteck mitten im Flachsacker. Die Ziegen recken
auf dem Stein ihre Hörner in den von faserigen Wolken
durchzogenen Föhnhimmel, Anna und ihre Schwester Barbara klettern ihnen nach, vertreiben sie mit Haselruten.

Der Vogt hat etwas gegen den Stein.

Von den gesäuberten Äckern der Untertanen verspricht
er sich mehr Frucht. Der Schloßknecht soll mit dem Vater den Stein sprengen.

Die Mutter schaut unter der Haustür zu, die Kinder,
Neugier und Furcht in den Gesichtern, hängen an ihrem
Rockzipfel. Nein! Nein! hat Anna geschrien, aber die
Männer haben den Rücken gedreht, nicht hingehört, ha-
ben weiter hantiert mit Pulver und Zündschnur.

Der Stein hat Steine ausgespuckt, faustgroße, in den
Flachsacker sind sie geprasselt, durch die Maisstauden
gekollert.

An den Steinen soll sich keiner vergreifen, hat schon
Vaters Vater gesagt, und der hat sich sonst an allem ver-
griffen, ist immer wieder vor den Vogt citiert worden,
weil er ein Raufbold war, ein kriegerischer Haudegen.

8

Einen Stein wollten sie weghaben, jetzt hat er Hunderte geboren, zwischen den Schollen, in den Wind sirrenden Maisstauden, alles voll, die Kinder bücken sich, klauben sie auf, tasten nach dem schmerzenden Rücken.

2

Im September 1780 hat Anna ihre letzte Stelle, die beim Arzt und Fünferrichter Tschudi in Glarus, angetreten.

Schon früher war sie im Glarnerland gewesen, war weggezogen, zurückgekommen, hatte mehrmals die Stelle gewechselt, eine vertrackte Spur.

Hierhin, dorthin.

Und das in einem Alter, wo sich andere längst festgesetzt haben. Das macht sonst keine Frau.

Wenigstens keine aus ihrem Stand.

Das Gesetz der Steine aufheben, die dort liegenbleiben, wo sie hinfallen. Im Sennwald hätte sie bleiben sollen, sagen die Verwandten. Man bleibt, wo man hingehört. Wer nicht bleibt, gehört nirgends hin.

Selber schuld.

Vierzig Jahre und einige darüber, und immer noch dieser Drang, sich zu verändern. Einen andern Winkel suchen, einen Platz unter einem fremden Dach, an einem andern Herd.

Sie zieht am Glockenstrang, schaut, den Kopf in den Nacken gelegt, an der Mauer hoch. Eines dieser Glarner Herrenhäuser im alten Stil: fünf Stockwerke, steiler Giebel, ein Türmchen überm Treppenhaus. Klotzig, trutzig, eine kleine Burg. Schwer müssen die Häuser sein, wenn sie bestehen wollen zwischen den Bergwänden.

Sie hätte gerne in einem der neumodischen Herrenhäuser gedient, mit Schweifgiebeln, Säulenfassaden, Gärten mit Miniaturbeeten und Labyrinthen, im Haus »in der Wiese« zum Beispiel, das jetzt der Fabrikant Blumer bewohnt. Doch auch das Haus, vor dem sie steht, ist ihrer würdig. Berufsehre, wenn man Stufe um Stufe des Dienens durchlaufen hat, Empfehlungsschreiben vorzuweisen hat aus besten Häusern. Mit vierzehn hat sie als Bauernmagd angefangen in Meyenfeldt, auf einem Hof, wo die Kammern eng und dreckig waren, kaum mehr zu beißen da war als im Elternhaus, von dem sie hat wegmüssen, um nicht zu verhungern.

Beim Büchsenmacher in Sax war alles schon behaglicher, sonst hätte sie es nicht sechs Jahre lang ausgehalten, aber im Vergleich mit dem Pfarrhaus in Sennwald war es eine einfache Haushaltung gewesen. Um die Stelle im Pfarrhaus hatte man sie beneidet, so einfältig waren die Leute, war sie selber gewesen, das bäurische Holzhaus für vornehm zu halten; was wirklich vornehm war, hatte sie erst im Glarnerland, im Zwickihaus in Mollis gelernt. Gewiß, das Zwickihaus, eine Stelle für ein ganzes Leben, von so etwas träumt jede Magd, wenn sie sich das Heiraten hat aus dem Kopf schlagen müssen. Komfortables Haus, großzügige Wirtschaft, milde Herren. Aber eine Stelle fürs Leben ist daraus nicht geworden, das Leben hat sie eingeholt, geschüttelt, weggetrieben. Sich festsetzen. Für ein und allemal. Das war ihr bisher nicht vergönnt. Wo sie hinkam, kräuselten sich die Wellen, als hätte man einen Stein geworfen.

Die Tschudis mochten ihre achte oder neunte Herrschaft sein, wenn sie die Stellen zwischendurch, beim Garnherr in St. Gallen, beim Buchbinder in Glarus, nicht mitzählte. Falls es klappte mit der Anstellung.

Aber daran zweifelte sie nicht. Es stand einer Magd nämlich im Gesicht geschrieben, ob sie von der Wirtschaft etwas verstand. Wer über Menschenkenntnis verfügte, sah das. Wer es nicht sah, verdiente auch keine gute Magd.

Ihre Hand strich über die Türfalle, dunkelgelbes Messing, fast blind, auch die Beschläge kaum geputzt. Wenn sie das Haus übernimmt, wird das anders glänzen!

Auch die Sandsteintreppe ist fleckig, weist vom Putzen Kratzspuren auf. Eine dieser unverständigen jungen Mägde ist da am Werk gewesen, hat mit Tuffstein, diesem Bauernmittel, gescheuert. Solch überholte Methoden hat sie selber noch beim Pfarrer in Sennwald gebraucht, im Zwickihaus hat sie dazugelernt. Jetzt nähern sich Schritte. Sie rückt die Haube zurecht, zupft an den Sonntagsröcken.

Eine alte Frau führt sie die Treppen hinauf, Anna atmet den scharfen Geruch der Medikamente ein, Heimatluft, Zwickihausluft, Melchior hatte nach dem Tod des Vaters im untersten Stockwerk eine Arztpraxis eröffnet.

Das Wohnzimmer geräumig, hell, aber Anna erschrickt, die Fenster sind, obwohl es draußen klar war, dunkel gefüllt durch die bedrohlich nahen Felsen. An der Decke Stukkaturen: Allegorien der vier Jahreszeiten. Das Kanapee, die geschweiften Stühle mit Blumenmuster, ein wandhoher Spiegel mit Goldrahmen, ein Kachelofen mit Kuppelaufsatz und ländlichen Szenen auf den Füllkacheln. Ein Buffet mit Zinnkrügen, Ehrensilber.

Das blitzschnelle Überschlagen des Inventars mit dem geübten Blick derer, die viel in fremden Häusern zu tun haben, erfüllt sie mit Befriedigung. Unter eine gewisse Stufe der Behaglichkeit will sie nicht gehen, da hat sie ihren Stolz.

Davon ahnen ja die Herren nichts, daß die Häuser eigentlich den Mägden gehören und den Katzen.

Da weben sich Beziehungen zwischen Wänden, Möbeln. Wie Spinnweben sähe das aus, wäre es sichtbar. Die Hausfrau, die im Hintergrund neben dem Fenster gesessen hat, läßt Stickrahmen, farbige Garnfäden, Nadeln sinken, geht der Magd entgegen.

Grüezi, Frau Tockter, ich bin die Anna Göldin.

Der Schlosser Steinmüller, der ihr heute früh von der vakanten Stelle erzählt hat, weiß, daß Elsbeth Tschudi

Ende zwanzig ist, fünf Kinder hat; weitläufig ist er mit ihr verwandt. Er hat ihre Gesichtszüge, ihre Haut gerühmt; weiß, fein und durchsichtig soll sie sein wie eine englische Teetasse, die man ans Licht hebt.

Kurioser Vergleich. Daß Anna nicht lacht. Der verkniffene Zug um den Mund, die haarfeinen Falten über den Brauen, sind die seinen zwinkernden, vom Schmiedefeuer verdorbenen Augen entgangen?

Freilich, an Föhntagen ist hierzulande das Licht wie ein Messer. Unbarmherzig scharf legt es bloß.

Jetzt kommt auch der Herr aus dem Sprechzimmer, auf einen Sprung nur, er will wissen, wen man ins Haus aufnimmt.

Grüezi, Herr Tockter und Fünferrichter.

Sie kennt sich aus in der Vielfalt der glarnerischen Titel, ein Strauß von Pfauenfedern, aus fremden Kriegsdiensten heimgebracht, ererbt, erworben, durch das Los zugefallen, von denen sich jeder, der auf sich hält, möglichst viele auf den Hut steckt: Herr Lieutenant, Commandant, Chorrichter, Fünferrichter, Neunerrichter, Rat, Bannerherr, Seckelmeister ... Man sagt von ihr später, als schon üble Dinge im Umlauf sind, sie sei »keine ungeschlachte Person«.

Ein stattliches Weibsbild, denkt Doktor Tschudi, kein so blutleeres Geschöpf mit Steckliarmen wie die letzte, der man kaum hat zumuten können, einen Wasserkessel zu tragen. Nicht mehr ganz jung. Aber auch noch lange keine Anzeichen, daß man auf ihre Jahre Rücksicht nehmen muß.

Wie alt seid Ihr?

Gegen vierzig.

Die Jahre, die wie Unkraut darüber hinausschießen, verschweigt sie. Privatsache. Sie weiß, man schätzt sie jünger, in die Haarkringel, die dunkel unter der Haube hervorschauen, mischen sich keine Silberfäden. Wer sich immer wieder den Staub von den Schuhen schütteln muß, bleibt jung. Wer festsitzt, erstarrt. Sie nimmt es, was Kräfte und Beweglichkeit betreffen, mit jeder Jungen auf.

Der Doktor hat sich in letzter Zeit in Lavaters Physiognomische Fragmente vertieft: von fülliger, aber gut gegliederter Gestalt, der Hals ist wendig, die flinken grauen Augen zeugen von beweglichem Geist. Die starke Nase, schmal an der Wurzel, dürfte von Selbständigkeit sprechen, auch das Kinn drückt diese Art von Autonomie aus, während das nach unten zulaufende Oval des Gesichts Harmonie und Ebenmaß verspricht.

Gesund, ohne Zweifel.

Das sieht man der hellen, reinen Haut an, den fleckigen Rötungen auf den Jochbögen, die von guter Verdauung und Durchblutung sprechen.

Eine währschafte, propere Person.

Besser als so ein unausgegorenes Geschöpf wie die letzte, die Stini. Da hat er doch gerade eine beängstigende Schrift des Kollegen Friedrich Benjamin Osiander gelesen, der über Brandstiftungstendenzen junger Mägde schreibt. Die Feuerlust oder der Hang, Feuer zu legen, hängt mit der hämatologischen Situation der Weibspersonen zusammen. Das weibliche Geschlecht wird in den Entwicklungsjahren von übermäßiger Venosität beherrscht, venöser Stau in der Gegend der Augennerven erzeugt Lichtgier ... Theorien, die mit Beispielen aus nächster Nähe belegt sind. Da hat doch neulich in Näfels eine Sechzehnjährige, ohne vorausgehenden Zwist, im Hause ihres Dienstherrn Feuer gelegt ...

Wichtig also, sich seine Dienstboten genau anzusehen.

Eine Magd, der man etwas zumuten kann, denkt Frau Tschudi. Erfahren, bewandert in allen Hausgeschäften, so daß man sie selbständig schalten und walten lassen kann.

Aber gerade das ist ein beklemmender Gedanke.

Schon der Gestalt nach nimmt diese Frau doppelt soviel Raum ein wie sie selbst.

Freilich, mit den ganz Jungen hat sie Pech gehabt, die Stini, diese Nachgiebige, Furchtsame. Hat die Kinder auf ihrem Buckel tanzen lassen, ist ihr dann zu bunt geworden, ging gestern auf und davon. Just jetzt, wo man Gäste geladen hat. Den Lieutenant Becker, den alt Landammann Heer, den Bannerherrn Zwicki ausladen, das ziemt sich nicht, ginge wie ein Lauffeuer durch die Stadt. Man redet schon, bei ihr halte es auf die Dauer keine Dienstmagd aus. Diese hier sieht aus, als ob sie das Essen für zwölf Personen in Ruhe und kurzer Zeit auf den Tisch stellen könnte ...

Trotzdem. Sie weiß nicht recht.

Vielleicht hängt es mit der Haltung dieser Göldin zusammen, da liegt nichts Devotes drin, andere hat sie gekannt, die händeringend um Anstellung baten. Diese steht aufrecht, begegnet frei dem Blick.

Wenn sie's recht bedenkt, so ist ihr die Person zu hoffärtig gekleidet. Frau Tschudi mustert den Rock der Göldin. Eine modefarbene Jüppen! Nur die Frau Lieutenant Marti trägt eine solche Jüppen; dieses schillernde, ins Bräunliche spielende Violett soll, so heißt es, die neueste Mode in Paris sein. An der letzten Teegesellschaft haben es die Damen festgestellt: Heutzutage muß man zweimal hinschauen, um herauszufinden, wer Herrin, wer Dienstbote ist.

Auch das seidene Band um den Hals, was für eine Modetorheit. Heißt im Volksmund Bettli und soll die Halshaut weißer erscheinen lassen.

Anna begegnet ihrem prüfenden Blick.

Wo wart Ihr in Stellung? fragt die Frau schnell.

An einigen Orten. Bei einem Garnherrn in St. Gallen, dann in Sennwald im Pfarrhaus ...

Und im Glarnerland? will der Doktor wissen.

Bei einem Buchbinder zuletzt. Vorher in einem Pfarrhaus.

Wo?

In Mollis.

Sie spürt seinen nachdenklichen Blick, wird rot, verhaspelt sich, als sie erklärt: Der Pfarrer ist gestorben, als ich dort mein viertes Dienstjahr tat, dann bin ich bei der Frau Pfarrer geblieben, bei den erwachsenen Kindern, einer der jungen Herren ist Arzt geworden . . .

Etwa bei Zwickis an der Kreuzgasse?

Ja, dort.

Merkwürdig, daß sie die Zwickis aufzählt unter ferner liefen! Potz geck und kein End, das ist doch eine Empfehlung! Gedient bei Zwicki-Zwicki, der, so heißt es wenigstens, reichsten Familie im Land, in einem herrschaftlichen Haus, bei einer Frau, deren großzügige Wirtschaft und Gastfreundschaft man rühmt! Eine Referenz für jeden, der in diesem Haus aus und ein geht. Und sie erwähnt den Dienst so nebenbei. Ob man am Ende mit ihr unzufrieden war?

Habt ihr eine Referenz vom Zwickihaus?

Sie entnimmt ihrem Ridicule ein Papier, streckt es ihm hin.

Ein Dienstzeugnis, unterzeichnet von Dorothea Zwicki-Zwicki, Wittib des im Herrn entschlafenen Johann Heinrich, gewesener Pfarrer in Bilten. Sie empfiehlt die Magd mit warmen Worten. Bedauert ihren plötzlichen Wegzug, gibt Segenswünsche mit für den weiteren Weg.

Was den Zwickis recht war, soll ihm gut genug sein. Zumal die Aussicht besteht, daß sie in dem gastlichen Haus eine delikate Küche erlernt hat; eine gute Köchin zu sein, traut man ihr zu, wie sie so dasteht, füllig, rotwangig, sauber, Lebensfreude im Gesicht.

Habt Ihr im Zwickihaus gekocht?

Zur Zufriedenheit, darf ich sagen.

Sparsam setzt sie die Worte. Nichts von dem üblichen Wortschwall, den salbungsvollen Reden, Schwüren, Beteuerungen, wie er sie von Weibspersonen, die eine Gefälligkeit erwarten, kennt.

Ihm sei es recht, wenn die Anna Göldin gerade dableibe ... Wozu lange fackeln, er muß zurück ins Sprechzimmer.

Da habe sie vielleicht auch etwas dazu zu sagen? bemerkt die Frau.

Sein Lächeln gerinnt. Er habe gedacht, es dränge ... Hinterm Haus würden schon die Hühner gemetzget, in ein paar Stunden seien die Gäste da ...

Die Frau winkt ab, nestelt an den Haubenbändeln.

Ich bin ja einverstanden.

3

Mit der letzten Dienstmagd sei es der Kinder wegen nicht gegangen, sagt Frau Tschudi, während sie mit Anna über den Flur zur Küche geht, die habe immer bloß lamentiert und getratscht und wehleidig geschnupft, beim geringsten Anlaß, dabei seien die Kinder gutwillig, ein wenig ausgelassen vielleicht, aber wenn man sie zu nehmen wisse, habe man leichtes Spiel. Sie lege Wert darauf, daß Anna mit den Kindern auskomme, sonst pfeife sie auf eine Hilfe, eine halbbatzige Magd sei eine pure Narretey!

Anna nickt, läßt die Augen über die Kupferpfannen schweifen, prüft sie auf ihre Dicke, die Sauberkeit, blickt von den rötlich blinkenden Lichtern hinüber zum Herd, zu messingenen Sieben, Trichtern, Schwingbesen, Kellen, nickt zu dem, was die Frau sagt, folgt ihr ans Fenster, das Überblick gibt über Hof und Garten.

Der Garten erhält durch den Umstand, daß er an die Schützenwiese grenzt, Weite und Tiefe, Grünzeug wuchert gegen die Mauer hin, die einen Wall bildet dem Wildwuchs der Bäume, dem verstockten Grün; der Zimtgeruch des Eibenholzes weht ihr zu.

Steil unter dem Fenster der gepflasterte Hof, irgendwo, durch das Vordach des Anbaus verdeckt, müssen Kinder sein, die man lachen und rufen hört. Anna kann, wenn sie sich vorbeugt, nur einen Hackklotz sehen: ein Huhn, von einer Männerhand gepackt, zappelt, das Beil blinkt, saust nieder auf den Hühnerhals.

Kindergekreisch.

Der alte Jenni, der in der Pressi wohne, mache dem Federvieh den Garaus. Ein Fest für die Kinder, meint die Frau Doktor. Aber sie wolle jetzt die Kinder heraufrufen. Nur die drei Größeren. Die dreijährige Barbara und die einjährige Elsbeth seien von einer Nachbarin abgeholt worden zu einem Spaziergang nach Ennetbühls, im Glarnerland müsse man eben mehr als anderswo der Sonne nachlaufen.

Sie beugt sich heraus, ruft: Züsi! Anna Migeli! Heiri!

Susanna, die Älteste, kommt zuerst, in zwei Jahren das schönste Mädchen von Glarus, hat Steinmüller prophezeit, damit kann er recht haben. Wie artig sie das Haar aus dem Gesicht streicht, bevor sie Anna die Hand gibt, wie sie ihr zunickt mit diesem hellwachen Blick. So groß schon und vernünftig, Anna ist erleichtert, mit kleinen Kindern hat sie wenig Erfahrung. Jetzt künden sich die zwei andern mit Gepolter und Gelächter vom Treppenhaus her an, rennen, einander stoßend, zur Küche herein.

Nicht so wild! Die Mutter hält sich die Ohren zu.

Der Vierjährige hat die Arme ausgebreitet, schlägt mit flatternden Bewegungen um sich, kräht: Kaputt! Kikeriki!

Sag grüezi, Heiri, ruft ihm die Mutter zu, aber er ruckt und wackelt mit dem Kopf, als hänge der nur noch an einer einzigen Sehne am Rumpf.

Endlich beruhigt er sich. Schiebt Anna auf den erneuten Befehl der Mutter seine Patschhand hin. Rundlich, braungebrannt, ein putziger Kerl. Er wolle Doktor werden wie der Vater, sagt Frau Tschudi, aber damit habe es noch Zeit. Und hier, sie schiebt das zweite Mädchen vor, die Zweitälteste, Anna Migeli oder Anna Maria. Sie sei nicht dafür, daß man die schönen, althergebrachten Namen verhunze, Züsi sage anstatt Susanna, aber in Glarus sei das Verstümmeln der Rufnamen gang und gäbe, auch sie müsse sich immer von neuem einen Ruck geben, die Taufnamen ganz auszusprechen.

Daß Anna Maria der Susanna ähnlich sah, war nicht zu ihrem Vorteil, unwillkürlich zog man sie in den Schatten der Älteren, gegen die alles an ihr eine Spur blasser ausfiel, die Augen, das Haar, auch das Gesicht war weniger offen und ausdrucksvoll, allein betrachtet wäre sie ein nettes, in keiner Weise auffälliges Mädchen von acht oder neun Jahren gewesen.

Heinrich, der hinter seiner Schwester steht, kichert, gibt ihr von hinten her einen Stoß.

Anna Maria reicht der neuen Dienstmagd die Hand.

Anna läßt sie gleich wieder fahren, Allmächtiger, sie hat etwas Starres ergriffen, das ist keine Hand, das ist eine Klaue!

Beinahe hätte sie geschrien.

Die Hühnerklaue, die in Anna Marias Ärmel gesteckt hat, fällt zu Boden.

Ätsch! Bätsch! Hereingefallen! schreit Heinrich, will sich kugeln vor Lachen.

Einfälle hat das Kind, meint die Mutter kopfschüttelnd. Besonders an Föhntagen wie heute brächten sie die Kinder manchmal fast um den Verstand. Am besten gehe Anna jetzt in ihr Zimmer hinauf, ziehe sich um, mit dieser Jüppen wolle sie ja wohl nicht arbeiten? Sie starrt wieder auf Annas schillernden Rock. Anna sagt, sie habe ein Arbeitskleid bei sich in der Tasche. Das übrige werde mit dem Werdenberger Boten zu Steinmüllers geschickt – ja, die Steinmüllers kenne sie schon lange, als sie beim Buchbinder in Glarus gedient habe, habe sie sich mit ihnen angefreundet. Ja, ja, er sei schon kurios, der Steinmüller. Aber man könne mit ihm und seiner Frau Dorothea gut reden, kluge, verläßliche Leute seien es.

Ihr Zimmer? Fünf Treppen hinauf. Nein, mit ihrem

Kopfweh komme sie nicht mit nach oben, der Föhn mache ihr zu schaffen, zudem sei sie vor einem Monat im Kindsbett gelegen, ein Mädchen, eine Totgeburt. Susanna solle ihr die Kammer zeigen.

Nein, ich! Ich will! schreit Anna Maria.

Sie rennt schon die Treppe hinauf, Heinrich folgt ihr, nimmt Stufe um Stufe mit seinen drallen kleinen Beinen, hält sich dabei an den gedrechselten Sprossen des Geländers.

Die übliche Mägdekammer. Anna hat nichts anderes erwartet. Auf dem Dachboden, hinter abgestellten Möbeln und Gerümpel, ein schmaler, von einem Mansardenfenster schwach erhellter Raum. Das Bett wirkt darin übergroß, füllt die Kammer wie ein Lastkahn mit zerknitterten Segeln.

Das Laken fleckig, noch von der Stini, stellt Susanna fest. Anna zieht das Bett ab. Es sieht so aus, als habe die Frau schon lange nicht mehr den Kopf in diese Kammer gesteckt. Diese Luft. Anna stößt das Fenster auf, läßt die Septemberluft einströmen. Von hier aus scheint es, als ob der Glärnisch auf ihren Schultern stehe mit seinen Felsabstürzen und Schründen. Auf diesen Ausblick unter dem Giebel hat sie gehofft. Sollen die Kinder hinter ihrem Rücken die Schubladen der Kommode aufmachen, die Schlüssel herausziehen, egal, sie steht dem Berg gegenüber wie damals in Mollis, kann mit ihm abrechnen, ist überzeugt, daß es gut ist, zurückgekehrt zu sein, nach allem Zögern, vor zwei Wochen . . .

4

Keine bessere Reisezeit als Mitte September.

Der Kutscher hatte auf dem Ricken auf die Wälder gezeigt, die sich in den Senken, den Wasserrinnen entlang, dahinzogen, bunt, üppig. Wie Hahnengefieder sieht das aus, hat Anna gedacht.

Ein Glück, daß sie der alte Hilari wie früher schon einmal von Wattwil aus mitgenommen hatte, eine Plackerei wär's gewesen, den Hummelwald hinauf zu Fuß. So vorne auf dem Kutscherbock, von milder Luft umstrichen, war die Reise ein Fest.

Kühe weideten. In den Glocken, die an ledernen Bändern an ihren Hälsen hingen, schwangen die Klöppel hin und her. Abgehackte, metallene Töne blieben über den Wiesen hängen. Da und dort stand zwischen dem Emdgras fremd und gläsern eine Herbstzeitlose.

Anna betrachtete sie mit Widerwillen als Vorboten des Winters. Das Jahr ist über den besten Punkt hinaus, laß dich durch diese Nachsommertage nicht täuschen, die Schatten nehmen zu. Die Brombeere, deren Saft in der letzten Wärme des Jahres auskocht, zittert vor dem Reif.

Such dir ein Dach.

Locker trabten die Pferde nach dem Weiler Schobingen die Rickenstraße bergab, die Ebene kam ihnen entgegen, durchzogen von den Wassersträngen der Linth.

Wie das glitzert, sagte sie.

Schön? Hilari schickte dem Wort ein Lachen nach, zog die Nase kraus, die rot und aufgedunsen war von den vielen Halben Veltliner in den Susten und Pinten längs der Straße. Die sumpfige Ebene sei alles andere als schön, sie bringe Mückenplage, Krankheiten für die Bewohner der angrenzenden Dörfer. Man müsse den Flußlauf korrigieren, aber die Glarner würden lieber zuwarten, bis die Schwyzer in den Sack griffen und umgekehrt.

Bei der Biäsche, Weesen gegenüber, hieß er Anna absteigen, er fahre weiter, dem Walensee entlang nach Walenstadt. Er hielt die Pferde am Flußufer an, Anna winkte zum Dank, stieg dann, ihre Röcke raffend, vom Trittbrett. Den Trick, drei Röcke übereinander anzuziehen, benutzte sie schon lange, alles Notwendige für die Reise war dann schnell in einer Tasche verstaut. Was das Reisen anbetrifft, ist die Göldin gewieft, kaum eine Frau aus ihrem Stand kann es darin mit ihr aufnehmen. Auf staubigen Straßen, zu Fuß oder mitgenommen von Fuhrwerken: nach Werdenberg, ins St. Gallische, ins Glarnerland, nach Straßburg und nun, nach einem Abstecher ins heimatliche Rheintal, zurück nach Glarus. Wege dahin, dorthin, immer auf der Flucht vor dem Schatten, der ihr doch auf den Fersen folgt. Wie überdehnte Bänder läßt sie die Wege zurückschnurren. Schilf und Weidenstrünke säumen die Straße, dahinter blitzt Wasser.

Ein Floß ist auf Sand aufgelaufen, Männer stochern mit Stangen im seichten Wasser.

He, wollt Ihr mitkommen? ruft einer herüber.

Wohin geht's denn? fragt sie leichthin.

Nach Amsterdam in Holland.

Ei der Tausend, so weit? Auf dem schmalen Wasser da?

Da lassen auch die zwei andern Männer ihre Stangen ruhen, schauen her. Der erste, ein langer Blonder, sagt: Vom Walensee auf der Maag in die Linth, von da zum Zürichsee, dann auf der Limmat zur Aare, von der Aare zum Rhein. Und wo wollt Ihr hin?

Sie zeigt zu den Bergen hinüber.

Ins Glarnerland? Die drei lachen. Da kommen wir her, aus Elm, wo die Plattenberge sind. Da unter der Blache sind Schieferplatten für Tische, die stehen bald in vornehmen Häusern in Amsterdam!

Der singende Glarnerdialekt.

Jetzt artig vermischt mit dem Plätschern der Wellen. Lange hat sie ihn nicht mehr gehört.

Überlegt es Euch, Jungfer, sagt der Kleinste, der listige Augen hat wie ein Murmeltier. Für Euch machen wir gerne Platz.

Ihre braungebrannten Gesichter. Augenblitze durch die malvenfarbenen Schatten des Schilfs. Der Sommer, schon verloren geglaubt, treibt sein Flirr- und Verwirrspiel; ein leichter Wind streift vom See her durchs Riedgras, Wasservögel fliegen auf.

Annas Augen, zuerst noch verloren den Bergen zuge-
wandt, gewinnen an Munterkeit und Glanz. Den Kopf
schief gelegt, als wollte sie allen Ernstes über eine Reise
nach Holland raisonieren, steht sie da, eine gut gewachse-
ne, stattliche Person, die angenehme Empfindungen
weckt, auch wenn sie nicht mehr die Jüngste ist. Alles
hängt in der Schwebe an diesem perlmutterfarbenen
Föhntag, noch kann sie sich umdrehen, weiten Ebenen
zutreiben auf dem glitzernden Wasserstrang.

Aber dieses Bergtal drüben, diese Engnis zwischen
Bergleibern, übt einen unerklärlichen Sog aus.

Sich hineinstrudeln lassen wie ein Fisch in die Reuse,
zappeln wie letztes Mal, als sie mit knapper Not durch
die einzige Öffnung entkommen ist, den schmalen
Durchlaß bei Mollis.

Noch könnte sie umkehren.

Es soll nicht sein. Vom Zollhäuschen her ertönt Hufge-
trappel, unwillkürlich hebt sie den Arm, gibt dem sich
nähernden Fuhrwerk ein Zeichen.

Staubwolken. Die Pferde schnauben, ungehalten über
den brüsken Halt.

Ein schwerfälliger Leiterwagen ist es, von einer Harz-
tuchdecke überspannt, das Gesicht des Kutschers beugt
sich zu ihr herab, beschattet von der Krempe des Filz-
hutes.

Den kennt sie doch! Der Sarganser Bote. Sie hat den
Kutscher mit der Pfeife zwischen den schadhaften Zähnen vom Küchenfenster des Zwickihauses aus gesehen,
sein Fuhrwerk stand auch manchmal vor dem Wilden
Mann in Glarus.

Er greift nach ihrem Arm, zieht sie hinauf auf den
Bock.

Ob sie denn nur diese kleine Tasche bei sich habe, die
sehe ja wie ein Hebammenkoffer aus?

Es sei auch einer, meint Anna lachend, ihre Base, die im
Werdenbergischen Hebamme sei, habe sie ihr mitgege-

ben. Dann sei sie wohl eine Werdenbergische und unterstehe dem Glarner Landvogt?

Sie komme zwar aus dem Rheintal, aber aus der Grafschaft Sax, die gehöre den Zürchern.

Da habe sie Glück gehabt, sagt der Kutscher, so schlimm und blutsaugerisch wie die Glarner Vögte seien keine. Die bekämen von den Glarnern ein so kleines Gehalt und müßten die Schmiergelder und Auflagen herausschlagen, die sie das Amt gekostet habe.

Die Straße führt südwärts durch die Ebene auf den Bergwall zu.

Ein Ortsunkundiger würde nicht ahnen, daß sich hinter der Felsmauer ein Tal auftut, daß die Bergleiber, je näher man ihnen kommt, auseinanderrücken, Sesam öffne dich, just Platz machen für eine Straße, die Linth, ein bißchen Talsohle links und rechts des Flusses.

Der Bote schiebt die Pfeife in den Mundwinkel, macht Platz für einen Schwall von Worten, von scharfem Ziegergeruch. Sie läßt ihn reden, den Fremdenführer spielen, läßt ihn: dort ist Mollis, hier Näfels sagen, den Palast erklären, der an der Straße das Auge jedes Fremden auf sich zieht: Ein Freuler hat ihn erbaut, der Hauptmann gewesen ist in Fontainebleau, Geld wie Heu heimgebracht hat und die fixe Idee, der König von Frankreich käme ihn besuchen. Versprochen habe es der König, und unsereiner glaubt daran, aber bei den Herren und Gnädigen pfeift ein anderer Wind, und der Freuler hat gewartet, bis er alt und arm geworden ist, und der Palast tut so, als halte er noch immer nach dem König Ausschau – oder?

Sie nickt abwesend, mit abgewandtem Kopf, um den Ziegerdünsten zu entgehen. Ihre Augen klettern an den schroffen Felswänden des Wiggis empor.

Hinter Erlenstauden rauscht die Linth.

Über dem Hauptflecken Glarus, vor dem sich das Tal nochmals verengt, hängt ein faseriger Mond.

Ein stattlicher Ort, bemerkt der Kutscher, als sie an den ersten Häusern vorbei gegen den Spielhof fahren. Die Baumwollspinnerei ist sehr in Übung gekommen, vierzehn Fabriken habe er letzthin vom Burghügel aus gezählt, wie Pilze sind sie herausgeschossen, die kostlichen Fabrique-Anstalten am Oberdorfbach, auf der Abläsch, auf der Insel.

Von Venedig beziehen sie die Baumwolle, verkaufen das Garn den Zürchern, St. Gallern, Appenzellern. Kürzlich sei der Landmajor Streiff gestorben, anderthalb Tonnen Gold soll er zurückgelassen haben, ja, eine Goldgrube, seine Zeug- und Schnupftuchdruckerei, das große Geld habe er mit einer blauen Druckfarbe gemacht, die Indigo heiße. Keinen einzigen Sohn habe der Streiff gehabt, alles sei dem Schwiegersohn zugefallen, dem Richter und Ratsherrn Johannes Tschudi ...

Quatsch und Tratsch.

Zu einem Ohr hinein, zum andern heraus.

Vom Kutscherbrett herunter begrüßt sie ihr Glarus. Sie freut sich am Wiedersehen mit den stattlichen Häusern, deren Schindeldächer von Steinen beschwert sind, mit den Handlungen, Bögen, Läden – hier das Geschäft des Perückenmachers, dort die Boutique des Goldschmieds Freuler, drüben ein neues Geschäft mit Luxusgetränken.

Hier rollt das Geld durch die Straße, hat sie gedacht, als sie zum ersten Mal hierhergekommen ist, aus den kärglichen Verhältnissen von Sax und Sennwald.

Vaters Stimme aus Kindertagen im Ohr: Goldgräberstädte, Anni. Sein Glück müßte man machen. Ein paar Toggenburger sind fort nach Pennsylvania.

Die Jagd nach allem, was glänzt, ihre Empfänglichkeit für das Bequeme, die Goldstadt-Phantasien: ein Frierender, der vom warmen Ofen träumt.

Nach Vaters Tod hatte der Schuldenvogt geholt, was zu holen war.

Immer schickte die Mutter sie zum Nachbarn, um dies und das zu erbitten. Ja, Anni, du.

Drüben, unter dem strengen Blick des Riedbauern sich räuspern, erröten, stotternd fragen:

Kann ich den Eimer ausleihen?

Den Holzbottich für den Waschtag?

Den Spaten?

Salz?

Die Spritzkanne, das Setzholz, den Rechen, die Leiter?

Abgespeist werden mit Ausflüchten: Das brauchen wir selber, frag beim Kreuzbauern. Oder: Wir waschen auch, kannst ja nächste Woche nochmals kommen.

Und wenn sie nächste Woche kam, hatten sie alles vergessen, noch einmal fing es von vorne an: Was willst? Kannst denn nicht ordentlich den Mund auftun?

Den Bottich?

So nimm ihn halt, aber am Abend steht er wieder da, verstanden?

Herrje, das reinste Bettelvolk.

Sie fahren am Kirchturm mit der goldenen Sonnenuhr vorbei durch die Meerenge zum Adlerplatz.

Ob sie noch auf einen halben Veltliner mitkomme? Anna lehnt ab.

Sie wolle, bevor es dunkel werde, bei ihren Bekannten in der Abläsch eintreffen.

5

In einer der Gaststuben im Goldenen Adler schrieb der Ulmer Gelehrte Johann Michael Afsprung in sein Reisetagebuch, das er später unter dem Titel ›Reise durch einige Cantone der Eidgenossenschaft‹ herausgab:

»Die Gebirge, welche die anmuthigen Thäler einschließen, sind erschröcklich; wenn man zwischen ihnen wan-

delt, so fühlet man sich durch den Anblick dieser unge-
heuren Massen fast vernichtet, indem sie der Unmacht
tiefstes Gefühl im Menschen erwecken ...«

Annas Glarus, dieses Glarus von 1780, kann man sich
nur noch nach alten Stichen vorstellen.

In einer Mainacht ist es 1861 fast vollständig niederge-
brannt, den Widerschein der Feuerlohe auf den Bergen
soll man bis nach Ravensburg, in den Schwarzwald und
hinunter nach Neuenburg gesehen haben.

Der Flecken wurde im Zeitgeschmack der zweiten
Hälfte des letzten Jahrhunderts aufgebaut, die Moränen-
hügel, der Tschudirain eingeebnet, alles übersichtlich,
Ministadt in Schachbrettform.

Die Brandursache konnte nie geklärt werden. Das
Feuer sei in einem der Häuser am Zaunplatz ausgebro-
chen, hieß es, man habe ein Plätteisen mit glühenden
Kohlen stehengelassen, eine Magd sei schuld, eine
Fremde.

Am Abend war das Eßzimmer des Tschudischen Hauses
mit Kerzen erhellt.

Ihr Schein milderte das gemeißelte Profil des
Oberst Paravicini, die herrischen Nasenflügel des Ge-
neralmajors Marti, die Buchtungen des Kinns, machte
feingeschnittene Gelehrtenzüge weicher wie die des
Juristen und alt Landammanns Cosmus Heer. Schultern, Décolletés schimmerten. Die Brustrundungen
der Frau Paravicini stiegen wie Halbmonde aus ihrem
Spitzenausschnitt. Unwillkürlich dachte man an das
extravagante Wappen über ihrer Haustür in der »Erlen«: ein weißer, schreitender Schwan mit goldener
Krone, darunter die Gravur: »candidor nive«, weißer
als Schnee.

Anna reichte die Platten herum. Obwohl sie den
Kräutergarten am Nachmittag verwildert vorgefunden,
die spärlichen Stöcke überaltert, modrig im Schatten-

band der Mauer, hatte sie nach dem Zwickirezept eine »Sauce verte« gemacht mit Origanum, Petersilie, Salbei, die sich jetzt regen Zuspruchs erfreute.

Bei der gewagten, ja kühnen Zusammenstellung der Gäste verlief die Conversation vorsichtig, plätscherte, gefährliche Themen wie Steinbrocken in einem Bachbett umgehend, artig dahin. Nach dem Essen zogen sich die Herren ins Cabinet des Gastgebers zurück, die Damen blieben im Eßzimmer sitzen. Anna goß aus einer silbernen Kanne Kaffee ein.

Eine modefarbene Jüppen, bemerkte Frau Bannerherr Zwicki, blickte, eine puppenkleine Tasse an den Mund hebend, auf Annas Rock.

Diese schillernden Stoffe sind eine Nouveauté aus Paris, Moiré, sagte die Frau Lieutenant Becker.

Changeant, sagte die Frau Ratsherr Marti.

Die Becker aus Ennenda, deren Mann eine Handels-Compagnie in Brüssel führte, fährt zum Kleidereinkauf nach Paris.

Farben haben die, sagte die Frau Bannerherr. Die da heißt flohfarben.

Mon dieu!

Alle Couleurs haben so verdrehte Namen, fuhr die Lieutenant Becker fort, zum Beispiel Straßenschmutz, Nonnenschenkel, Mönchsbauch – ein gewisses Grün, wie Sie es tragen, Gnädigste, sie deutet auf Frau Doktor Iselis Rock, heißt Pockenfarbe, ein undefinierbares Braun Caca du dauphin.

Dégoutant, haucht die Oberst Paravicini. Ihre Augen blitzen teichgrün unter Wimpernfächern, die sie, weiß der Teufel wie, künstlich zu verlängern verstand. Frau Tschudi schaute auf ihr Décolleté.

Unverschämt, dieser Ausschnitt. Das convenieret doch nicht, in einer solchen Robe zu einem Souper zu erscheinen, an dem auch der Camerarius teilnimmt.

Frau Becker, die Verstimmung der Hausherrin bemerkend, versuchte durch ein allgemeines Thema abzulenken, sagte, auf den Rock der Göldin anspielend:

Oh, diese Domestiquen heutzutage.

Der Seufzer fand Zustimmung. Frau Tschudis Blick löste sich vom Décolleté.

Man nickte sich zu.

Die Magd vom Adler-Wirt Marti habe letzthin einen frechen Ausspruch vor Gericht zu Protokoll geben müssen, erzählte Frau Doktor Iseli.

Welchen denn?

Die Gesichter der Damen rückten näher, genüßlich verengten sich ihre Augen.

»Man müsse gewissen Herren die Peruques abreißen . . .«

Als die Magd ins Herrenzimmer trat, verstummten wie beiläufig die Gespräche, man schaute ihr zu, wie sie Tassen verteilte, Kaffee eingoß.

Eine neue Magd? fragte Doktor Marti, als Anna hinausgegangen war. Der Hausherr nickte. Sie habe früher bei Zwickis in Mollis gedient.

Deshalb die exquisite Küche, stellte der Camerarius fest.

Die Zwickis hätten ja das nötige Portefeuille für eine großzügige Wirtschaft, warf der Schützenmeister Tschudi ein. Trotz seiner verschiedenen Tätigkeiten – in letzter Zeit betrieb er sogar einen kleinen Ausschank – hatte er selber es auf keinen grünen Zweig gebracht.

Ja, die Biltener Pfründe sei begehrt, meinte Cosmus Heer, aber die habe dem Pfarrer wohl nicht zu so großem Reichtum verholfen, da müsse wohl einiges in der Familie gelegen sein . . .

Ein so reicher Pfarrer, sagte der greise Chorherr Marti leise, schickt sich das, wo unser Heiland arm war?

Betretenes Schweigen. Zwinkerblicke.

Der alte Marti, das hatte sich herumgesprochen, war auf seine letzten Tage fromm geworden, verkehrte in Erweckungskreisen. Der Gastgeber, die Mundwinkel spöttisch gekräuselt, blickte zum Camerarius hinüber. Johann Jakob Tschudi, erster Pfarrer von Glarus, Mitglied des Chorgerichts, Kämmerer der Synode, Vetter von Elsbeth Tschudi und Pate von Anna Migeli, war für solch heikle Fragen zuständig.

Der Camerarius reckte steil die Hand, daß die Spitzenmanschetten mit Schwung zurückflogen, eine Geste, die er auch während der Predigt zu machen pflegte. Die Gäste lehnten sich in ihre Sessel zurück. Wenn der Camerarius zu sprechen anfing, konnte man sich auf einen längeren Exkurs gefaßt machen.

Der Herr ...

Die R rollten davon, als fahre unten eine Diligeance über holpriges Pflaster.

An den Fenstern vibrierten die Wappenscheiben mit dem Tschudischen Tannenbaum.

Der Herr ist seinen Auserwählten hold, das ist schon bei Calvin zu lesen. Ihren irdischen Geschäften spendet er Segen und Prosperität wie weiland dem Abraham im Alten Testament. Gott ist mit den Regsamen, Tüchtigen, Vernünftigen. Schon in der irdischen Heimat schenkt er ihnen Wohlergehen und Comfort. Das Wort Comfort stamme übrigens aus dem Englischen und bedeute ursprünglich soviel wie Trost.

Cosmus Heer sah zwinkernd den Camerarius an mit seinen vom Bücherlesen entzündeten Augen, er hatte das Landesarchiv instand gestellt, war Vorstand der »Lesecommun« und der »Helvetischen Gesellschaft«. Wenn der Segen Gottes am Portefeuille zu messen sei, dann triefe er allerdings über der Zwickifamilie, meinte er mit jener Art von mildem Spott, die den Camerarius stets irritierte. Das Familienvermögen der Zwickis wachse noch durch die glücklichen Copulierungen. Die jüngste Tochter, die Dorothee, habe sich mit dem Hauptmann Conrad Schindler ehelich verbunden, der stelle im »Haltli« in Mollis ein Wohnhaus auf, das an Elegance und Grandeur die Herrenhäuser in Glarus übertreffe. Und neulich habe der Hauptmann Schindler in der holländischen Staatslotterie das große Los gewonnen – sage und schreibe hunderttausend Gulden! Ein Betrag, groß genug, um drei weitere Paläste aufzustellen!

Der Teufel macht doch nie auf einen kleinen Haufen, murmelte Schützenmeister Tschudi entgeistert. Hunderttausend – und unsereiner wird wie ein Schulmeister mit zweiundvierzig Gulden Jahresgehalt abgespeist!

Der Hausherr warf ihm einen tadelnden Blick zu. Immer wieder nahm er sich vor, den jungen, in macher Beziehung beschränkten Verwandten nicht mehr einzuladen, aber der verstand es, mit Dienstleistungen seine Dankbarkeit wachzuhalten. Dafür machte er in Gesellschaft seine patzigen Bemerkungen, fiel auf durch seine Fauxpas. Und seine Frau nahm ihn in Schutz.

Anna goß Kaffee nach.

Die winzigen Porzellantassen, dieser Puppenkram, waren nach drei Schlucken leer.

Wenn wir schon bei den Zwickis in Mollis sind, nahm Doktor Marti das Gespräch wieder auf, unser Kollege, der Melchior, gedenkt sich doch noch zu verehelichen.

Tiens, tiens, enfin, sagte Doktor Iseli. Der geht doch schon gegen die vierzig.

Doktor Marti nickte. Nun kommt er doch noch von seiner Frau Mama weg unters Ehejoch. Die zwanzigjährige Tochter des Kirchenvogts Schindler ist die Auserwählte ...

Eine der kleinen Tassen zerschlug klirrend auf dem Parkett. Anna bückte sich schnell. Frau Tschudi eilte aus dem Nebenzimmer herbei, rief aus, es handle sich um eine der delicaten und köstlichen Limoge-Tassen, vom Lieutenant-Schwager aus Paris mitgebracht, und beklagte die Ungeschicklichkeit dieser und aller Mägde. Keiner der Herren widersprach.

Anna ging mit den Scherben auf dem silbernen Tablett hinaus. Die Frau ging ihr nach, sagte in der Küche, für die Tasse ziehe sie am Monatsende einen halben Gulden vom Gehalt ab. Den halben Gulden möchte ich lieber sofort geben, sagte Anna ruhig.

Später, im Herrenzimmer, fragte Doktor Marti Anna, wo sie denn herkomme, ihr Dialekt habe einen helleren Klang als der hiesige? Meinte dann, ihre Antwort überdenkend, die Gegend in der Herrschaft Sax kenne er wohl, im letzten Herbst sei er, von Sargans kommend, über Sennwald an den Bodensee gereist. Die Zürcher Vögte hätten wenig herauszuholen aus dem Gebiet, die Leute seien arm, verschuldet, in der Ebene verwüste der Rhein mit Überschwemmungen die Felder, und die Äkker an den Berghängen seien voller Steine.

6

Im Herbst, wenn der Föhnwind durchs Rheintal fährt, die milchigen Körner der Maiskolben härtet, bewegen sich zwischen den sirrenden Blättern die Rücken der Kinder.

Die Steine, welche Anna und ihre Geschwister aus dem Acker lesen, schichtet Adrian Göldi zu Trockenmauern auf; die taugen mehr als Holzzäune, die unter der Schneelast umstürzen, in verregneten Sommern faulen. Auch die Nachbarn schichten Steine auf, der ganze Abhang, so weit das Auge reicht, voller Steingürtel, Grenze an Grenze, bis zu den Flanken des Bergs.

Adrian hat seine Mauer noch nicht fertig, da läßt ihn der Vogt auf Forsteck holen, er brauche Arbeiter, ein laufender Brunnen werde ins Schloß geführt.

Der Vater schnaubt, er müsse Birnbäume umschlagen, die ständen der neuen Mauer im Weg. Zudem sei er Mesmer.

Die Bäume laufen Euch nicht davon. Und zum Bänkerücken ist es am Samstag noch früh genug, entgegnet der Schloßknecht. Jeder Untertan schulde der Obrigkeit drei Tagwen, gegen diesen Frondienst gäbe es kein Pardon.

Tage, mit jedem Wind fliegen sie wie Spreu auf und davon.

Haben zwei Seiten wie Spielkarten.

Auf der Rückseite das Zeichen von Mächten, die man nicht begreift.

Der alte Possenreißer, der Tod.

Die Blattern.

Die rote Ruhr.

Der Herr auf Forsteck.

Feuersbrünste, Viehpest.

Felsstürze von oben, unten der Rhein.

Der Rhein ist zur Zeit der Schneeschmelze und während der Herbststürme unberechenbar; wenn er Hochwasser führt, muß der Mesmer die große Glocke läuten. Auf das Alarmzeichen hin legt jeder Mann die Arbeit nieder, eilt über Äcker und Riedland. Versammlung auf dem Wuhrplatz. Die Mannschaft von Sennwald wird in Rotten aufgeteilt, jeder hat Hand anzulegen. Befehl des Vogts. Wer sich weigert, wird nach Zürich verbracht.

Auch du, Adrian, sagt die Mutter, gib die Mistgabel her, ich mache das schon. Wer zu spät am Wuhr eintrifft, bezahlt sechs Batzen.

Adrian wirft die Mistgabel hin, sucht im Tenn nach den Stiefeln. Nicht einmal Speis und Trank hat er mit, jammert die Mutter. So ein hitzig Blut.

Sie will noch den Sautrank aufsetzen, den Stall ausmisten. Dann mit dem Eßkorb hinunter zum Rhein, wenn sie die zwei jüngeren Mädchen mitnimmt, schaut derweil Katharina, die Älteste, zum Rechten.

Über Wiesenbuckel der Ebene zu, die Zehen in den Holzschuhen werden naß vom Gras. Im Schatten des

Bergs ist der Boden kalt, in die Emdstoppeln, Erdkrusten beißt der Reif.

Hinter Erlenstauden ein Bach, Anna entdeckt einen getüpfelten Fisch.

Forellen, sagt die Mutter. Sie gehören dem Vogt. Der Bach ist ein Bannbach.

Gehört alles dem Vogt? fragt Anna.

Dort drüben, das gehört ihm nicht. Die Mutter zeigt zum anderen Ufer des Flusses hinüber, ins Österreichische, zu den wie aufgemalten Bergen hinter Dunstschwaden.

Wem gehört das drüben?

Einem andern Herrn.

Nein, nicht durch das Sumpfgelände, heimtückisch ist das, schmatzt, saugt. Die Mutter will lieber bei Salez durch den Wald. Auch der ist unheimlich, voll Steinbrokken und Schatten.

Die Mutter zieht das wollene Dreieckstuch fester um die Schultern, faßt die Kinder links und rechts. Taumelig wird man, wenn der Blick an den Stämmen der Bäume hochgeht zu den Kreuzbergen, Wolken fahren durch die Zacken wie durch einen Riesenkamm, fast fällt man um; manchmal stieben Steine herunter, kommen zur Ruhe zwischen Buchen und Tannen.

In den Waldschneisen Fuhrwerke. Stämme werden verladen; der Wuhrbau frißt Holz.

Unten am Fluß starrt Anna auf das grünschäumende Wasser. Über Nacht hat der Rhein das Krummwehr mitgerissen, alle Männer im Dorf, einschließlich des Landvogts und seiner Knechte, vermögen ihm nicht den Meister zu zeigen.

Komm, Anni. Was starrst du so lange. Schau drüben, der Ätti.

Die Männer rammen Pfähle in den Grund, füllen die Zwischenräume mit Kies und Sand. Der Wuhrmeister

sorgt dafür, daß die »Möni« eingehalten wird, die verein-
barte Linie. Keiner soll zu seinen Gunsten dem Rhein
Land abzwacken, sonst gibt es Zank wie kürzlich, da hat
die österreichische Obrigkeit den Sennwaldnern in einem
Schreiben vorgehalten, sie würfen »den Rein mit gewalt
auf die Banxer Wisen herüber«.

Am Abend, als der Vater hundsmüde zurückkommt,
hebt er Anna auf die Arme, schwingt sie im Kreis, lobt:
Bravs Maitli, hast für den Ätti den weiten Weg gemacht.
Er sagt es nur zu ihr, dabei ist doch Barbara, die jüngere
Schwester, auch mitgegangen.

Anna, mit Vaters feuchtem Kuß auf der Nase, betrachtet rundäugig von ganz nah seine Wange: stoppelig ist sie,
voll dunkler Schatten, wie die Wiese im Schattenbezirk
des Bergs.

Der Vater hatte jetzt seine Mauer fertig, von weitem gesehen zog sie sich wie eine Schlange durchs Gras, graugge-
fleckt, mit unregelmäßigen, da und dort vorstehenden
Steinschuppen.

Auch die Nachbarn hatten Mauern aufgeschichtet. So
lagen die Hänge unter den Novemberwinden, schmale
Ackerbänder, Wiesenstücke mit krüppeligen Obstbäu-
men. Der Himmel hing tief, das Land erwartete den
Schnee.

Dem Kind Anna war während der guten Jahreszeit das
Haus groß vorgekommen, mit weitausholenden Giebeln,
wie Flügel an den Enden nach oben geknickt, um Tenn
und Stall darunter zu fassen.

Es stand auf weißgekalktem Sockelband, die Wände
waren aus geschwärztem Holz. Die kleinen Fenster standen gerade ausgerichtet in drei Reihen; wie im Appenzel-
lerland hatten sie ein einziges Ladenbrett, das man aus
einer Vertiefung nach oben zog.

Im Winter, wenn die Wärme im Innern bewahrt werden mußte, sah das Haus fensterlos aus, als schauten seine

34

Augen nach innen. Wenn Schnee und Kälte kamen, zog sich das Haus engbrüstig zusammen. Auch im Innern schrumpfte es, konzentrierte sich um den einzigen warmen Raum.

Der Vater hatte wie alle armen Leute über die Wintermonate Vieh aus dem Bündnerland ans Futter genommen, das sollte ihm ermöglichen, auf Georgi zu zinsen. Wenn die Vorräte zur Neige gingen, mußte man Heu zu hohen Frühlingspreisen kaufen, eher ließ man die Menschen als das Vieh hungern.

Die Familie teilte sich die kargen Vorräte ein: Kartoffeln, gedörrte Birnschnitze, Maismehl; Hauptnahrungsmittel Milch und Schotten. Die Mutter konnte sich im Winter mit Spinnen ein paar Kreuzer für die Haushaltung dazuverdienen. Ihr ständiges Lamentieren begleitete das Geräusch des sich drehenden Rads.

Auch im Sommer hatte sie an allem etwas auzusetzen gehabt, aber ihre Schimpftiraden waren unter freiem Himmel abgezogen wie Rauch. Jetzt blieb alles in der Küche hängen, machte die Luft dick.

Der Ätti hingegen blieb auch im Winter alert. Nachmittags machte er sich manchmal in der evangelischen Kirche zu schaffen, aber seine Mesmer-Funktionen waren bescheiden: außer mittwochs, wo der Pfarrer eine Abendpredigt hielt, wurde die Kirche nur sonntags benutzt.

Auf dem Heimweg kehrte er oft bei Verwandten ein, die einen Branntweinausschank hatten. Manchmal stieg ihm das Brennz zu Kopfe, aber streitsüchtig wurde er nie. Wenn er geladen nach Hause kam, versuchte er der Mutter, die nachts noch am Spinnrad saß, zu flattieren und charmieren, er verstand sich darauf, daß es eine Art hatte, und Anna, die nicht schlafen konnte, horchte gebannt zu. In ihrer Kammer stand nämlich, um die Ofenwärme hinaufzuleiten, eine Klappe offen, durch diese konnte man in die Stube spähen. Sie sah mit angehaltenem Atem, wie der Vater die Mutter um die Taille faßte und vom Spinnrocken wegzog, aber die Mutter schüttelte ihn ab, fauchte, sträubte sich wie eine Katze, die gegen den Strich gestreichelt wird.

Kaum war die Mutter wieder zu Schnauf gekommen, las sie ihm die Leviten: Wie könne es ihm zum Gurren und Tanzen zumute sein, wo sie doch bis über die Ohren in Schulden steckten, das Mesmeramt bekomme er bei der nächsten Wahl gewiß nicht mehr, ob er nicht wisse, was die Leute so redeten, wie leichtsinnig er sei?

Der Vater lachte trocken: Was schert mich der Leute Reden! Und nach einer Pause, während das Spinnrad sich weiterdrehte, fügte er hinzu: Sie könnten ja auswandern wie seine Vorfahren mütterlicherseits, die anno 12 von Sennwald nach Preußen gegangen seien, aber lieber ginge er weiter, nach Neufunden Land zum Beispiel oder nach Carolina, Pennsylvania oder Virginia!

Bei der Aufzählung dieser abenteuerlichen Länder gingen Anna Mund und Augen auf.

Aber die Mutter sagte nur trocken: Ah ba, alles tumms Züg.

Sich davonmachen aus dem Einerlei, weg von dem schnurrenden Rad, das aufsteigt, um zu fallen, fällt, um aufzusteigen, Emsigkeit ohne Ziel.

Du bist wie der Vater, Anni. Da und doch nicht da.

Das verstehe ich nicht, Mutter.

Anders. Willst darüber hinaus. Wie soll ich das besser sagen? Eine Träumerin halt. Das Leben, wirst schon sehen, stellt dich auf die Beine zurück.

Auf die Beine gestellt, die Füße solide auf dem Tschudischen Parkett; auch auf die Hände ist Verlaß, besorgen, was sie zu tun haben, mit zielsicheren Bewegungen. Während sie wischen, Geschirr spülen, Messing blank reiben, sich davonstehlen, die Hülle durchstoßen. Ja, ohne Salbe, ohne diese Hexensalbe, Steinmüller. Alter

36

Kram. Das gibt es nur in diesen Zauberbüchern, die ihr euch auf den Märkten andrehen laßt.

Die Spur verlassen: Armeleute-Spur, Mägdespur, Ledige-Frau-Spur.

Üb Treu und Redlichkeit, Anni, höre auf den Herrn, gehorche dem Herren, weiche keinen Fingerbreit von Gottes Wegen ab.

Sich befreien aus sich selbst, ein Falter, der um Mitternacht aus dem sich öffnenden Kelch der Tulpe fliegt, blaue Blitzspur, Irrlicht.

Darüber hinaus. Denn die Füße, so weit sie dich auch tragen, bewegen sich immer auf dieser Welt. Und die gehört ihnen, Anni. Die ist vermessen, aufgeteilt, verkauft, verbaut; über die Flecken der Wälder, die Bahnen der Felder ist längst das Los geworfen.

7

Sollst nicht in meinen Sachen wühlen, Anna Maria! Die Magd bückt sich, klaubt einen Kamm, eine Zeichnung, Geldstücke vom Boden auf, gibt alles in die Schachtel mit den aufgeklebten Muscheln und Spiegeln zurück.

Die Sachen in dieser Kammer gehören mir.

Das stimmt nicht. Ist ja unser Haus.

Unser Bett.

Unsere Kommode. Unser Stuhl.

Anna streicht sich die Strähnen aus der Stirn, schiebt wütend die Schublade zu, die schief im Kasten hängenbleibt, mit dem Schlüssel läßt sie sich jetzt nicht mehr zusperren.

Von unten ruft die Frau.

Am späten Nachmittag schickt Frau Tschudi die Göldin zur Ankenwaage, zwei Pfund Butter kaufen. Nichts ist Anna lieber, als ins Freie zu kommen nach der Hausarbeit, dem Schmachten zwischen sperrigen Möbeln, Spiegeln, Konsolen, der Jagd nach Staub, dem Gejagtwerden von den Befehlen der Frau, die plötzlich auftaucht, Gänge, Treppen, Parkettböden haben will wie von der Katze geschleckt.

An Tagen wie diesem zieht es sie hinaus, wo das Herbstlicht die Umrisse der Berge weich macht, die Schatten mildert, wo die Sonne schräge Lichtbahnen legt über die Rosttöne des Schwammhöhe-Waldes. An die Linth hinunter sollte man. Dem Wuhr entlang, über die Holzbrücke nach Ennenda. Sie neidet es der alten Debrunner, daß sie jeden Tag die zwei kleinsten Tschudikinder spazierenführen darf.

Anna streift vor dem Spiegel im Flur die Schürze ab, angelt mit dem kleinen Finger nach den eingeklemmten Haarlocken unterm Haubenrand, zieht sie über die Stirn.

Die Tür zum Eßzimmer, wo Frau Tschudi mit Frau Lieutenant Becker Kaffee trinkt, steht einen Spalt offen. Eine eitle Person, diese Göldin, sagt Frau Becker.

Frau Tschudi nickt. Die Göldin bringt es nicht zustande, über den Flur zu gehen, ohne in den Spiegel zu schauen. Diese Schwäche für Spiegel, für das zitternde, verschwimmende Bild, das man befragt: Wo fängst du an, wo hörst du auf. Immer wieder bestürzt sein, wenn man auf sein eigenes Erscheinungsbild stößt, mit ihm zusammenprallt im Zwielicht des Flurs: So bist du also, so und nicht anders, obwohl du noch hundert andere Gesichter haben könntest als dies da, mit den dunklen Haaren kraus über der Stirn, den hohen Jochbögen im zu breiten Gesicht, mit den grauen, immer leicht entzündeten Augen, als hätten sie lange Ausschau gehalten nach etwas, das nie kommt.

Geht nie aus dem Haus, bevor sie sich nicht von hinten und vorn begutachtet hat, sagt Frau Tschudi. Heimlich wartet sie wohl immer noch auf einen, der anbeißt? Letzthin hatten wir den Schreiner Leuzinger im Haus, für den

Bücherschrank im Schreibcabinet, der hat mit ihr geschäkert, und sie hat die Augen verdreht, ist sprunglebendig geworden, wo sie doch sonst so abwesend herumgeht, wie eine Schlafwandlerin ihre Arbeit tut. Ihre Sache macht sie ordentlich, da kann man nicht klagen . . .

Augen, in denen man sich sieht, wie andere einen sehen. Immer wieder neu geschaffen werden in anderen Augen: einmal diese Anna, einmal jene, so und so, als drehe jemand so ein artig Ding, das Caleidoskop heißt, mit vielen, ineinanderfallenden farbigen Scherben.

So geht schon, Anna. Heute werden noch Zwetschgen eingemacht. Frau Tschudi ist aus dem Eßzimmer gekommen, ihr Bild jetzt neben Annas Bild, zusammengehalten vom Oval des Spiegels. Eine vorgewölbte, wächserne Stirn, die Mundfurche dunkel, die Lippen bleich, als sei kein Leben, kein Blut drin. Wie von einem Maler schnell hingepinselt auf das Spiegelglas . . .Aber die Augen lauern in ihren Schattennestern.

Sofort, sagt Anna.

Ich auch! ruft Anna Maria aus dem Nebenzimmer; ich auch, kräht Heinrich, läßt sein Steckenpferd im Flur fallen, kommt herbeigerannt.

Frau Tschudi zieht den Kleinen an sich, putzt mit einem Spitzentaschentuch seine Nase.

Bleib da, Heiri. Bekommst von der Frau Lieutenant eine Zuckermandel.

Will aber mit der Anna gehen!

Er windet sich aus ihrem Arm und stampft mit dem Fuß. Du bleibst. Ich dulde es nicht, daß du nochmals nach draußen gehst, die Abende sind schon kalt.

Und die Anna Maria – ob sie denn die Fragen des Catechismus gelernt habe?

Anna Maria nickt, Anna habe sie beim Wäschebügeln abgefragt, sie könne es am Schnürchen: »Was ist dein einiger trost im leben und sterben, antwort, daß ich nach diesem trübseligen leben ewige freud und seligkeit ererben, und ewiglich bey Gott meinem Vater wohnen und seyner himmelischen güteren theilhaftig werden soll, zertheilung, wie viel stuck begreifet diese Antwort, antwort, sie begreifet zwey stuck, erstlich meine ...«

Frau Tschudi winkt müde ab. Bei der Anna Maria müsse man eben dahinterher sein, das bestätige auch der Lehrer Steinmüller. Die Susanna – das pure Gegenteil. Der gehe alles sofort ein, schade, daß sie ein Mädchen sei, ein brillanter Jurist wäre sie geworden, das sage auch der Camerarius ...

Doktor Tschudi, der aus dem Sprechzimmer heraufkommt, um eine Tasse Kaffee zu trinken, hat den letzten Satz mitangehört, ja, ja, sagt er und blickt Anna Maria flüchtig an, schau zu, daß du deiner großen Schwester nachschlägst.

Darauf lacht er sein polterndes Erdschollenlachen; das Mädchen steht da, starr, die Lippen zu einem Strich zusammengepreßt, jetzt sieht es der Mutter ähnlich, vorhin im Spiegel.

So geht endlich, drängt Frau Tschudi. Nach dem Abendessen müssen die Früchte entsteint werden, das Geschenk eines Riedener Bauern, der sich über seinen kurierten Fuß freut, die Zwetschgen sind weich, fangen bald an zu schimmeln.

Draußen ist die Sonne untergegangen, ihr Abglanz liegt auf der Felsnase des Wiggis. Fuhrwerke rollen durch die Hauptstraße, vor dem Adler steigen Reisende aus einer Kutsche. Bei der Ankenwaage sind noch Stände aufgestellt, eine Bäuerin preist Eier an, die sie gerne noch vor der Dämmerung verkauft hätte, der Brunnen plätschert. Große, garantiert frische ...

Ja, nicht älter als von gestern, dafür hat Anna den Blick. Aber Frau Tschudi kauft jede Woche bei einem Eiermannli aus dem Kleintal, frisch sind die Eier nicht, aber wohlfeil. Die Bäuerin schiebt den Ballen Butter über den Laden, Anna packt ihn in den Korb, da stößt sie mit dem

Ellbogen an einen Mann. Er hat sich gebückt, um etwas aufzuheben. Das ist ja der Ruedi Steinmüller, ruft sie überrascht aus. Sucht Ihr etwas?

Er richtet sich auf, aber wie er sich streckt, groß wird er nicht, steht da, wie aus einer Rebwurzel geschnitzt, auf krummen Beinen, das Lindauer Pfeifchen im Mundwinkel. Der wunderliche Alte! Anna Maria starrt ihn an. Nein, sie hat ihn noch nie gesehen, obwohl er sie wie eine alte Bekannte begrüßt, gar behauptet, er sei weitläufig mit ihr verwandt. Was, dieses Knorzelmännchen mit ihr, der Anna Maria Tschudi, Tochter des Doktors und Fünferrichters!

Er habe da einen Stein aufgehoben, erklärt er Anna, der liege seit Wochen bei der Ankenwaage herum. Ein Knecht aus dem Kleintal habe ihn aufmerksam gemacht, es handle sich um einen besonderen Brocken, wenn man diese Art Stein spalte, finde man gelbe Körner darin wie bei einem Strahlstein. Er wolle ihn jetzt nach Hause nehmen und untersuchen.

Am Ende ist pures Gold drin, und Ihr werdet reich, Steinmüller! meint Anna schelmisch.

Das kann man nie wissen. Steinmüller spuckt Tabaksaft auf den Boden. Er sei eben ein Pröbler, das wisse sie ja, probiere in seiner Giftküche allerlei Rezepte aus, die sie interessieren könnten. Aber davon – er zwinkert, deutet auf das Kind – ein andermal mehr.

Was? ruft Anna Maria. Was hat er gesagt? Ist Gold in dem Stein? Wo? Ich will es sehen!

Das Kind verzieht die Lippen, wird krebsrot, zielt mit dem Stiefelchen auf Annas Bein.

Au, du Plaggeist!

Sie müsse nach Hause, da habe er wohl ein Einsehen. Ob denn ihr Koffer mit den Kleidern noch nicht angekommen sei?

Steinmüller verneint. Der Werdenberger Bote komme neuerdings nur noch am Freitag. Er werde es ihr ausrich-

41

ten lassen, wenn etwas eintreffe. Der Adlerplatz liegt schon im Dunst, in der Wirtschaft brennen die Lichter. Ein Herr, der einen Mantel mit Biberkragen trägt, kommt aus der Tür des Gasthauses und bleibt vor Anna stehen. Während seine Hand über den Blondschopf des Kindes fährt, schaut er der Magd ins Gesicht. Ob sie die Anna Göldin sei?

Er habe ihr einen Gruß zu bestellen von der Frau Pfarrer Zwicki aus Mollis. Auch der Doktor Melchior Zwicki lasse grüßen.

Hitze schießt ihr vom Hals herauf in die Wangen, sie nickt, bringt keinen Ton heraus.

Wer ist das gewesen, fragt Anna Maria im Weitergehen.

Das wollte ich dich fragen, sagt die Magd.

Sie muß das Kind beinahe ziehen; nachdenklich geht es unter den Bögen durch und singt:

> Will ich in mein Gärtlein gahn,
> will mein Zwiebeln gießen,
> steht ein bucklicht Männlein da,
> fängt gleich an zu niesen.
> Will ich in mein Kuchi gahn,
> will ein Süpplein kochen,
> steht ein bucklicht Männlein da,
> hat mein Töpflein brochen.
> Will ich auf mein Boden gahn ...

Was singst du da? fragt die Magd.

Ein Lied halt. Die Stini hat es mir vorgesungen. Die hat mir auch Geschichten erzählt von Gespenstern. Vom Ursus, der hat doch sein Grab auf der Männerseite in der Kirche. Vor langer Zeit hat er sein Land verschenkt. Rate wem? Ausgerechnet dem Fridolin, dem Barfüßigen auf der Glarnerfahne, der eine Bibel hält! Aber wie der Ursus gestorben ist, hat sein Bruder Landolf das Land wollen. Da ist der Fridolin zum Grab gegangen, hat gerufen: Ursus, stand uf! Und denk, Anni, da ist das Toten-geripp aus dem Sarg gekommen und hat dem Fridolin geholfen ... Hast du schon einmal ein Gespenst gesehen, Anni?

Anna lacht. Ein Gespenst nicht, aber in der Sennwalder Kirche sei eine Mumie, die vom Grafen Philipp von Hohensax. Der sei seit hundertfünfzig Jahren tot, ermordet worden von einem Verwandten. Und seither liege er un-verwest im Sarg. Ihr Vater, der Mesmer gewesen sei, habe für sie das Sargtürchen aufgemacht.

Ist das ein Wunder, Anni?

Nein, man hat ihn nur in eine besondere Erde gelegt.

Kann man ihn noch sehen?

Wenn du mit mir nach Sennwald kommst, ja.

Du, Anni?

Ja?

Anna Maria zieht an ihrem Arm wie an einem Glok-kenstrang.

Hast du schon einen Toten gesehen, einen richtigen, meine ich?

Ja, meinen Vater, drei meiner Geschwister, den Pfarrer Zwicki ...

Liegt man einfach steif da, wenn man tot ist?

Der Körper ist leer wie eine Erbsenhülse. Was drin gewesen ist, ist fortgeflogen.

Aus welchem Loch heraus?

Aus dem Mund, denke ich.

Und dann stehen die Lebenden ums Bett herum und weinen, bis sie rote Augen haben?

Ja, meistens.

Dann möchte ich ein bißchen blinzeln und herum-schauen, Anni, wenn ich tot bin, meine ich.

Dummes, du.

Bin bey fürtrefflicher Gesundheyt, schrieb Pfarrer Zwik-
ki seinem Freund nach Zürich und fiel, kaum hatte er
Sand darauf gestreut, tot um.

Ein prächtiger, strammer Bursche, hatte man im Dorf
gesagt, und nach drei Tagen war Annas Bruder Hans
dahingerafft von der Roten Ruhr.

Der Tod, ein vielbeschäftigter Sensenmann. Wenn es
ganz still ist, hört man ihn seine Sense wetzen.

Wir werden geboren, um zu sterben, wir sterben zum
ewigen Leben, hat der Camerarius in der letzten Predigt
gesagt. Die Toten seien in unserer Nähe, nicht irgendwo
in einen Himmel entrückt, er spüre sie um sich, seine
zwei im Herrn entschlafenen Ehefrauen, die Blumer Anna, die Dinner Anna, und der Camerarius hatte den Zeigefinger steil in die Höhe gehoben, als bezeichne er damit
vage den Aufenthaltsort von Anna 1 und Anna 2.

Anna hatte sich das, in ihrem Kirchenstuhl sitzend,
ausgemalt, die Toten unter uns, Abertausende von Toten
nur schon im Glarnerland, abgelagert wie das Geröll auf
den Berghalden, eine Handvoll Lebende im Tal.

Schützt die Minderheit der Lebendigen, die Toten nehmen täglich zu.

Ende Februar, als Tauwetter einsetzte, hatte der Ätti
den Hornschlitten aus dem Tenn geholt und ihn über die
Sennwalder Wiesen hinaufgezogen ins Holz. Der Wald
sah grau aus, zwischen den Stämmen konnte man helleren Boden sehen wie bei schütteren Tierfellen. An den
Astenden schmolz Eis. Die Tropfen froren auf dem
schattigen Grund ein, machten aus dem vorjährigen Laub
eine glitschige Schicht.

Kaum hatte der Ätti beim oberen Stadel einen Stoß
Holz geladen, wollte der Schlitten durchgehen, mit dem
Rücken versuchte er ihn zu bremsen. Da glitt er mit den
Nagelschuhen aus, der Schlitten riß ihn talwärts; weiter

unten konnte er sich mit den Beinen gegen einen Buchenstamm stemmen, sonst hätte ihn die Holzlast erdrückt. Das war noch glimpflich abgelaufen, nur am linken Knie klaffte eine Wunde.

Der Ätti scherte sich nicht groß darum.

Schon oft hatte er sich beim Hacken, Mähen, Holzfällen eine Blessur zugezogen, die schlimmer aussah. Im Stall legte er warmen Kuhmist darauf, wickelte einen Lappen ums Knie. Aber das sonst probate Mittel wollte diesmal nichts nützen. Das Knie begann zu surren, schwoll an, schließlich humpelte der Ätti einbeinig in der Stube herum.

Die Mutter kratzte den Kuhmist von der Wunde. Gegen Abend des nächsten Tages stiegen Hitzen vom Knie den Körper hinauf, der Ätti legte sich ins Bett, redete gegen Morgen wirres Zeug. Manchmal schrie er wie im Traum auf, begehrte Wasser.

Die Mutter ließ nach dem Doktor rufen, aber der war bei einem Kindsbett in einer der Hütten im Ried. Als er endlich kam, lag der Vater schwach atmend in der dämmrigen Kammer. Zu spät, meinte der Arzt, ihr hättet mich eher rufen sollen. Anna wurde nach dem Pfarrer geschickt. Der Rückweg erschien ihr wie eine Ewigkeit. Der alte Pfarrer Danuser war halbseitig gelähmt, schleppte sich, mit seinem Stock den Weg abklöppelnd, mühsam neben Anna her. Sie fror in der dünnen Jacke, die Obstbäume standen bläulich in der Dämmerung, als zitterten sie vor Frost. Als sie endlich in die Krankenkammer kamen, war Katharina da, die große Schwester, die im Adler in Salez in Stellung war. Andreas, der Bruder, fehlte, er war Knecht im entlegenen Meyenfeldt. Der Pfarrer setzte sich, schlug auf den Knien das Musicalische Halleluja auf, Singbuch der Löbl. Evangel. Stände und Orte der Eidgenossenschaft. Er blätterte, fand das Kapitel CCCLI: Der bittersüße Tod, las vor, die andern, die jetzt um das Krankenlager knieten, murmelten mit:

Ach wie bitter ist der Tod
wann leib und seele scheiden
doch seht ihn nur recht an
er führt uns aus der noth
Daß man auch sagen kann:
Wie süß ist doch der Tod

Das Gemurmel wurde bald leiser, bald schwoll es flehentlich an, Annas Augen füllten sich mit Tränen, hinter denen Vaters Bett langsam wegzutreiben schien.

Wie bitter ist der Tod
Man muß die Welt verlassen
Wer heute rosen-roth
kann morgen bald erblassen ...

Der Vater jetzt fremd, mit abweisend starren Gesichtszügen, die Augen weit offen zur Decke gerichtet, als vermöge er zwischen den Balken in den Nachthimmel zu sehen.

Jedoch was sind wir hier
nichts als nur Erd und Koth
Dort blühn wir für und für
wie süß ist doch der − −

Ätti! schluchzte Anna. Da blickten der Pfarrer, die Mutter, die Geschwister auf Anna, das Gebet stockte. Die Mutter schob, das Kind zur Ruhe mahnend, es zu den Beinen des Pfarrers hinüber, der legte ihm die Hand auf den Scheitel.

9

Anna Maria, schon im Bett, begehrte mit lauter Stimme auf, die Anni müsse heraufkommen, ihr gute Nacht sagen. Die Doktorin, eingeschüchtert vom bohrenden Blick des Kindes, versuchte fest zu bleiben, nein, sagte sie mit Nachdruck, die Magd kann nicht kommen, sie macht in der Küche Zwetschgen ein. Da bäumte das Kind den Oberkörper, schrie: Anna! Anna!

Frau Tschudi drehte sich nach ihrem Mann um, der auf Susannas Bett saß.

So sag doch endlich etwas!

Unter dem anklagenden Blick seiner Frau nahm sein Gesicht einen Ausdruck von Ratlosigkeit an, er kratzte sich, die Perücke über dem Stirnansatz verschiebend, in seinem üppigen, naturkrausen Haar.

Die Kinder hängen halt an der neuen Magd, meinte er beschwichtigend, sie hat eine gute Art, mit ihnen umzugehen, nicht zu weich und nicht zu streng, scheint mir. Gut für dich, das kann dich ein bißchen entlasten.

Aber das geriet der Frau in den falschen Hals. Was zuviel sei, sei zuviel, bemerkte sie spitz. Die Magd binde die Kinder an sich, auf eine Art, die ihr jedenfalls nicht ganz geheuer sei.

Tschudi umspannte mit der Hand sein Kinn, massierte mit den Fingerspitzen die teigige Wange. Als er losließ, zeigte sein Gesicht Dellen, Druckstellen wie eine überreife Frucht. Den Weibspersonen, dachte er, kann man es nie recht machen. Das Launische, das hat schon Plato festgestellt, kommt von ihrer Gebärmutter, die immer von neuem nach Kindern lechzt, kaum hat man sie vom letzten entbunden. Seine Elsbeth war gar empfänglich. Anno 69 copulieret – anno 80 die zehnte Entbindung. Er dachte mit einem Anflug von Heiterkeit an den derben Ausspruch eines seiner bäuerischen Patienten, der bei ihm in der Praxis geklagt hatte, er brauche nur die Unterhose ans Bett seiner Frau zu hängen – und schwups! sei sie schwanger.

Er hatte es sich jetzt zur Gewohnheit gemacht, am Abend in seinem Studierzimmer noch einen Halben Meyenfeldter zu trinken und zu lesen, bis er sich bettschwer neben seiner schlafenden Gattin zusammenrollte auf der ihm zugehörigen Seite des Matrimonialbetts.

Diese blöden Zwetschgen, papperlapapp, daß die verschimmelt wären! Zwei Körbe voll bei schlechtem Licht

geschnitten, entsteint, portionsweise mit Zucker aufge-
kocht, mit einer Kelle abgeschäumt, in Steinguttöpfe ge-
gossen, die mit Wachsscheiben versiegelt werden mußten.
Dann den Herd putzen, den Boden, alles sah rot verspritzt aus, wie nach einer Schlacht.

Eine kleine süße Rache hatte sie genommen, in der Küche, zu nachtschlafener Zeit: vom Weißbrot abgeschnitten, das nur der Herrschaft zustand, mit Leckerem bestri-
chen: Butter, Zucker, Zimt und Haselnuß. Mandeln ge-
wälzt in heißem, karamelisierendem Zucker. Von der
Rauchwurst abgeschnitten. Sich ein paar Schlucke geneh-
migt vom Himbeergeist. Süßes auf Saures. Magenpflaster
gegen die Wut.

In seinem ›Sittenbüchlein für das Gesinde‹, das Anna
von Frau Zwicki in Mollis geschenkt bekommen hat,
warnt Lavater vor »niedlichen, heimlich zubereiteten
Speisen«.

Kann dies sein? Ihr kennt Lavater nicht einmal dem Namen nach, Anna? Mon dieu, das verstehe ich nicht, hatte
Frau Zwicki damals gesagt. Ihr habt doch im Sennwald
bei einem Zürcherischen Pfarrherrn gedient? Der hat
Heidnisches preferiert, sagt Ihr? Griechisches? Bei meiner Seel, mit dieser modischen Narretey kann ich nichts
anfangen. Bei Lavater ist Herz, Gefühl, Sprachstärke.
Wirksamkeit in Größe und Weite. Aber was sage ich
Euch, Anna. Manchmal unterhalte ich mich mit Euch wie
mit meinesgleichen, vor allem, seit mein Johann Heinrich
nicht mehr da ist. Das kommt davon, wenn man so lang
und nah zusammenwohnet, da treten Unterschiede zurück, das Gemeinsame tritt herfür. (Da schaute Melchior
Anna quer über den Tisch an. Hörst du das, bedeutet sein
Blick, wir können Hoffnung haben. Sie denkt wie wir.)

Lavater habe sie damals mit ihrem Mann in Zürich be-
sucht, als er noch Helfer gewesen sei an der Waisenhaus-
kirche. Heut sei Zürich durch ihn Wallfahrtsort für man-

cherlei Geister. Goethe habe übrigens seine ›Aussichten in die Ewigkeit‹ im Frankfurter Gelehrten Anzeiger besprochen.

Daß Anna noch nie von Goethe gehört hatte, wunderte Frau Zwicki weniger.

Als sie die Treppe hinaufgeht, ist alles still, nur aus dem Schreib-Cabinet des Herrn dringt noch Licht. In der Kammer nimmt Anna Lavaters Schrift aus der Schublade des Nachttisches, öffnet sie mit vom Zwetschgensaft rot gefärbten Fingern, liest beim flackernden Kerzenlicht.

»Gottes alles leitende Fürsehung wollte, daß du ein Dienstbote seyst, und deine Kräfte zum Dienst und zur Hülfe anderer Menschen anwendest. Alles, was Gott will, ist gut. Es ist besser, daß du Knecht oder Magd seyst als etwas anderes. Gottes Willen ist es, daß du andern, die nach ihren äußeren Umständen höher sind als du, dienest – wie Gott einen jeden berufen hat, also wandle er –

Handle in aller Einfalt so, wie du es mit aller Billigkeit von einem Dienstboten verlangen könntest, wenn du die Herrschaft wärest!

Sey auch mit einem billigen Lohne zufrieden; und nicht neidisch und scheel! Gott ist dein Lohn – und der Himmel deine Hoffnung, wenn du hienieden dich in guten Werken und Geduld übest . . .«

Anna gähnt, löscht das Licht.

Wachsein, Schlaf, traumloses Dahindämmern, das verwebt sich. Aber ein Geräusch hat sie plötzlich hellwach gemacht. Auf dem Rücken liegend, die Augen weit aufgerissen, lauscht sie hinaus. Schritte draußen auf dem Dachboden, knarrend geht die Kammertür auf, ein Schatten gleitet herein, streicht dem Bett entlang . . .

Jesus! Anna hat sich jäh aufgerichtet. Das Anna Migeli?

Ja.

In seinem Zimmer seien Vögel mit blauen Flügeln, die flattern so dahin. Und die Mumie, der Philipp, habe das Sargtürchen aufgeschoben ...

Sie solle zur Mutter gehen, sagt Anna streng.

Oh, die dürfe man nicht stören hinter ihren Bettvorhängen, sie werde bös, jage sie zurück in die Kammer. Und der Vater schnaufe nachts wie der Wolf im Märchen.

Bitte, bitte, laß mich in dein Bett, Anni.

Den Kindern solle man kein grausames Zeug erzählen, weder von Tod noch Gespenstern, Hexen, Teufeln, warnt Lavater in seinem Gesindebuch. Da hat sie die Bescherung.

Sie rückt zur Seite.

Ein Tiernest, dieses Mägdebett.

Mit Kuhlen, Buckeln aus verschwitztem, klumpigem Seegras.

Noch ist die Kammer dunkel von der Unterseite der Nachtvogelschwingen, die Schwärze knistert. Der Körper des Kindes wird langsam warm, die Magd spürt seinen katzenweichen Bauch unter den gefalteten Händen.

Den Kopf geborgen in der Einbuchtung von Annas Kinn, ahnt das Kind nichts davon, daß seine Beschützerin schutzlos ist. Erinnerungen. Flügel wachsen ihr wie einer Nachtfahrenden. Anna, der Nachtvogel. Zerschneidet die Schwärze der Nacht. Gedankenschnell. Schon bauen sich winklige Häuser auf mit Karrenlärm in den Gassen. Straßburg. Da tritt sie selbst aus dem Schatten heraus, geht die Straße hinunter, in eins der Fachwerkhäuser, drückt ein blondes Kind an sich, ihr Mund in seinem nach Nüssen riechenden Kopf, ihr Atem bläst Wirbel in den Haarpelz.

Seine Beinchen sind zu mager, tut bitte mehr Butter in seinen Brei.

Mehr Kostgeld? Gut. Morgen halte ich bei meinen

Dienstleuten um mehr Lohn an. (Was weiß Lavater schon an seinem Schreibtisch, in seinem Lusthäuschen, im Predigtstuhl, von Mägden, die von der Hand in den Mund eines in der Mägdekammer gezeugten Kindes verdienen?)

Gebt mehr Kostgeld, wiederholt die fette Person im Hintergrund, lacht abschätzig.

Nichts für ungut, aber Ihr solltet ihn auch reinlicher halten. (Er ist ein Herrensohn, ein Zwicki. Was ist das für eine Stadt, wo der Name Zwicki keinen Eindruck macht.)

So pflegt ihn doch selbst, wirft die Amme schnippisch hin. Sie solle ihr doch eine Herrschaft suchen, die eine Magd mit Kind anstellt, möchte Anna ihr ins Gesicht schreien. Die Herren, da weiß sie gründlich Bescheid, wollen keine Magd mit Kind, sie machen ihr lieber eins. Über den Zaun fressen wollen die Männer, aber es darf nichts kosten, das hat sie Melchior auf den Kopf zugesagt, und als er darauf in den Geldbeutel greifen wollte, hat sie abgewinkt. Die Buhldirnen, die Geld nähmen jedes Mal, die kämen am billigsten zu stehen, aber eine Frau, in der sich Gefühle regen und später, als Folge davon, Leben, ist kostspielig, das hat man nicht bedacht, alles sollte so, auf Sparflamme, nebenherlaufen, neben der Karriere, den Zukunftsplänen, der Ehefrau.

Das ändert sich alles, wenn die neue Zeit kommt, hat Melchior gesagt. Die neue Zeit, sie kommt, sie kommt. Sie kommt nicht, Melchior.

Es gibt sichere Anzeichen dafür, in Frankreich, in England, daß sie sich vorbereitet.

Deine neue Zeit, wie lange bereitet sie sich noch vor. Sie ist vergreist, bevor sie auf die Welt kommt, trägt Perücke und Zopf.

Sie kommt, du wirst sehen.

Zu spät für dich, mich, unser Kind.

Ein so schöner Knabe. Wie soll er denn heißen?

Melchior.

Merkwürdiger Name. Das Kind hustet. Gebt acht. Ich

habe ein Kind in diesem zarten Alter gekannt, das hat sich die Seele aus dem Leib gehustet . . .

Die Träume von sich abtun wie Schlinggewächs, sich aus der braunen, vibrierenden Dämmerung ziehen auf festes Land. Durch Ritzen der Läden schießt Morgenlicht.

Anna Maria! Sie rüttelt das Kind, spürt erschreckt, daß sein Haar von ihren Tränen feucht ist.

Ich muß hinunter, in der Küche anfeuern.

Sie trägt das schlaftrunkene Kind treppab, legt es in sein Bett, streicht das spitzenbesetzte Oberleintuch über seiner Brust glatt. Bald komme ich dich wecken, mußt in die Schule gehen.

Will aber nicht.

Natürlich mußt du.

Was ich nicht will, muß ich nicht.

Mußt du aber.

Nein.

Der Tag nimmt zögernd Anlauf.

Noch nisten Schatten hinter dem Herd. Die Herrschaft schläft. Sich regen bringt Segen, Morgenstund hat Gold im Mund, Sprichwörter für das gemeine Volk: sie geben dem Unvermeidlichen, in das man sich schicken muß, einen Nimbus.

Die gottgewollte Ordnung erklärte Frau Zwicki am Modell des Spazierstocks: die Zwinge im Dreck, der Silberknauf oben in Gottes Hand. Da debattieren illuminierte Libertins in den Pariser Salons darüber, die bestehenden Verhältnisse umzukehren, das Wertvolle unten, der Dreck obenauf, alle Verkehrtheit – alle, Anna – kommt vom Teufel.

Anna hat ihre eigene Art, sich zu behaupten.

Zoll für Zoll eignet sie sich das Haus der Herrschaft an. Wenn sie auch nie in den geblümten Armsesseln ausruht, so kennt sie den Schwung der Lehnen, dem sie mit einem in Olivenöl getauchten Lappen nachfährt. Das Sternmuster des Parkettbodens, dem sie mit Bienenwachs Glanz verleiht, erscheint ihr im Traum, sie kennt die Fugen, die Ritzen, die Stelle, wo zwei Edelhölzer fehlen vor dem Kachelofen.

Die Anna Maria gehe heute nicht zur Schule, sagte Doktor Tschudi zur Magd, als sie ihm den Frühstückskaffee ins Eßzimmer brachte, dieses leidige Kopfweh, verursacht durch Föhnwind, fast alle Glarnerinnen litten darunter, auch seine Frau bleibe heute morgen im Bett. Anna solle sich neben ihn setzen, eine Tasse Kaffee mittrinken.

Sie hatte erst eine gewisse Scheu, sich an den Tisch der Herrschaft zu setzen, an dem sie sonst nur Platten herumreichte, dazu die ungewohnte Freundlichkeit, mit der er sich ihr zuwandte, vom Kräutergarten sprach, den sie doch instandsetzen solle, ergänzen mit Gewächsen nach ihrer Wahl, sie verstehe etwas davon, das habe er sofort gespürt. Sie habe ihre Kenntnisse nur übernommen, von ihrer Base, die Hebamme im Werdenbergischen sei, sagte sie bescheiden. Solche Frauen verstünden von Heilmitteln oft mehr als die Ärzte, gab er zu, strahlte mit seinem feisten Gesicht, das von dunklen Naturlocken umrahmt war, noch hatte er die unbequeme Perücke nicht aufgesetzt, die über dem widerspenstigen Haar nie sitzen wollte.

Kaum war der Herr ins Sprechzimmer gegangen, rief von oben die Frau.

Anniiii!

»Sey auf den ersten Wink gehorsam ... Die Stimme deiner Herrschaft, wenn sie dich nichts Böses heißt, soll dir seyn wie die Stimme Gottes ...«

Anna ließ das Geschirr in der Küche stehen, ging hinauf. Der Vorhang des Betts war zur Seite geschoben, Frau Tschudi, preisgegeben den Blicken der Ahnenbilder an der Wand, lag bleich da in ihrer Bettjacke aus weißem Damast und mit der Schlafhaube.

Kaffee, Anni. Viel starken Kaffee. Tut doppelt soviel Bohnen als sonst in die Mühle.

Seit sie im Glarnerland dient, könnte sie den ganzen Tag die Kaffeemühle zwischen die Knie klemmen, unheimlich, in welchen Quantitäten die Glarner Frauen diese Türkenbrühe trinken, von der sie behaupten, sie verjage den durch Föhnwind verursachten Nebel im Kopf, kläre, illuminiere die Gedanken.

Anna nickte, dann horchte die Frau, den Kopf auf den verschränkten Händen, den sich entfernenden Schritten der Magd nach. Durch die offene Verbindungstür zum Kinderzimmer vernahm sie den leisen Singsang Anna Marias:

Will ich in mein Kammer gahn,
will mein Bettlein machen,
steht ein bucklicht Männlein da,
fängt gleich an zu lachen . . .
Du, Mama, kannst du mich hören?
Ja.
Warum ist die Anni nicht arm wie andere Mägde, hat oben in der Kommode so viel Geld? Sie hat auch ein Spieglein aus Silber, mit einem Englein am Griff. Und in einer Schachtel ein granatenes Bettli, weißt, so ein Sammetband für den Hals, wie ich auch eins will. Ist sie vielleicht gar keine Magd, tut nur so? Was denkst du.

Natürlich ist die Anna eine Magd. Eine gewöhnliche, wie die Stini.

Das Kind schien mit der Antwort zufrieden. Die Frau lag da, schaute zur Decke und wartete auf den Kaffee, merkte nicht, wie ihr das Haus entglitt.

Sie dachte: Die Anna Maria merkt mehr als andere, soll man lange sagen, das Kind sei nicht hell. Auch ihr Mann zog dauernd Vergleiche mit der Susanna. Paß auf, hatte sie letzthin zornig gesagt, es wird sich in Zukunft zeigen, wer die Hellere ist. Die Jüngere wehrt sich noch, das wirst du erleben.

Schon möglich, daß die Anna Maria den Knopf erst noch aufmache, eine langsame Auffassungsgabe habe sie halt, schlage in die Ellmer-Familie.

Sie hatte ihn mit einer Steilfalte auf der Stirn angeblickt, auf ihren Wangen erschienen Flecken. Soll ich dir sagen, was die Leute so reden? Also, ich sag's frank heraus. Du seist nur Doktor geworden, weil dein Vater einer gewesen sei, deines Vaters Portemonnaie sei voller gewesen als dein Kopf.

In diesem Fall wäre mein Sprechzimmer leer, erwiderte er langmütig.

Sie nahm es ihm krumm, daß ihn nichts in Rage brachte, diese schlappe Art. Ein Bonhomme.

Anna brachte den Kaffee herein, in Butter geröstete Weißbrotschnitten, Honig.

Zum Wohl, Frau Tockter.

Anna Maria im Nebenzimmer bekam eine Tasse dampfende Schokolade. So eine Magd hat kein schlechtes Leben, dachte Frau Tschudi, Anna nachblickend, die ihr vom Bett aus stattlicher als sonst vorkam, wohlgewachsen, frisch, mit ihrem vollen dunklen Haar und dem rotbackigen Gesicht.

Die kann sich ohne Anhang bewegen, unsereiner muß auf Mann und Kinder Rücksicht nehmen. Wie sie sich selbstbewußt gibt, mit ihren Augen, die in der Nähe eines Mannsbilds zu funkeln anfangen, den schwarzen Haarnattern unter der Haube, accroche-cœur nennen die Pariser diese keck in die Stirn springenden Locken.

Unsereiner muß bei Tag und Nacht tun, was der Mann will, selbst im Bett. Kaum sechzehn, hat er sie geschwängert, mit Windeseile mußte geheiratet werden, an ihrem siebzehnten Geburtstag hätte das Kind in der Wiege geschrien, wenn Gott es nicht zu den Heerscharen der Engel genommen hätte. Und dann kam sie aus dem Schwangerwerden und Gebären nicht mehr heraus. Damit ist es jetzt, nach der zehnten Geburt, vorbei, hatte sie ihm gesagt. Oder willst du, daß das Kindsbett mein Totenbett wird?

Lächerlich, hat ihre Freundin, die Lieutenant Becker, ihr neulich zugeraunt, dein Mann ist Arzt, sollte wissen, was man macht, da gibt es Stellungen, die weniger empfänglich machen, Spülungen, blumige, treibende Getränke.

Man dürfe keine Lust haben dabei, hat ihr ihre Mutter damals vor der Heirat geraten, das mache unempfänglich, »die Frau soll sich teilnahmslos hingeben, keusche Wirtin eines geilen Tiers«. Der Rat war wertlos.

Dieser Bauch, der sich immer wieder füllt, von neuem wölbt. Neun Monate voller Beschwerden auf den Tag warten, auf das Ende der von Gott gesetzten Frist.

Dann endlich der Tag, wo das Schlafzimmer verriegelt wird, sich füllt mit dem geschäftigen Hin und Her der Frauen, dem Doktor ist höchstens erlaubt, ab und zu den Kopf hereinzustrecken. Gebären, eine Weibersache. Stöhnen, Schreie dringen aus dem Zimmer in die anderen Räume, wo die Kinder einen Moment innehalten, dann weiterfahren in ihren Spielen, der Storch hat der Mama ins Bein gebissen, wird ihnen erklärt.

Schon steht ein Kessel mit warmem Wasser bereit für das erste Bad. Windeln, winzige Jäckchen mit Rüschen und Bändern, Umtücher. Aber die Hebamme sieht gleich, wie schwach das Neugeborene ist, besser, wenn man gleich nach dem Camerarius ruft, das Kleine schafft es nicht lang. Tatsächlich, es hat seinen letzten Atem ausgehaucht, bevor der Pfarrer kommt, ein Ungeschick, denn ein Ungetauftes hat weder Rang noch Namen im Himmel. Der Camerarius drückt der Mutter die Hand, schreibt dann zu Hause in sein Buch: 1780, 13. August, Tschudi Tochter, ungetauft, obiit., und dahinter malt er ein zierliches Kreuz.

Eine der Frauen räumt die kleinen Kleider, die Wiege weg, zum rückwärtigen Eingang bringt der Schreiner den

Kindersarg herein, in der Schreinerwerkstatt stehen immer welche auf Vorrat. In der Stube wird das Leichlein eingesargt, die Mutter hat genug mitgemacht, soll es nicht sehen.

Zehnmal geboren, fünfmal für die Wiege, fünfmal für den Sarg.

Anna, der Kaffee ist zu schwach.

Aber, Frau Tockter . . .

Ihr sollt nicht immer aber sagen, Anna.

Die Anna sei für das Haus da und nicht für den Kräutergarten, das wolle sie ein für allemal klarstellen, sagte Frau Tschudi. Zudem sei ihr der Garten in seinem wilden Zustand ein Dorn im Auge, man wisse schließlich, was jetzt à la mode sei, da müsse man sich nur die Gärten der modernen Herrenhäuser anschauen.

Dieses krautige Durcheinander, die scharfen Gerüche der Mauer entlang habe sie satt, auch die in alle Richtungen ausschießenden, Sonne schluckenden Bäume. Sie wolle den Schützenmeister Tschudi bitten, daß er den Eiben zu Leibe rücke, die Zweige, die bis an die Mauer reichten, abzwacke, den Wildwuchs zurückdämme, ihnen eine künstlerische Form gebe: Kegel, Pyramiden, Hahnenköpfe, übersichtlich müsse der Garten werden mit einem Netz von weißen Kieswegen, von niederem Buchsbaum eingefriedeten Beeten.

Was? Er wolle die Kräuter im Garten lassen, den Kräutergarten noch vervollständigen?

Daß sie nicht lache.

Er sei doch kein Kräutermannli, das nichts Gescheiteres wüßte, als Tränke zu brauen gegen Magengrimmen und Kopfweh?

Das sei hinterwäldlerisch, eines Arztes, der seinen Doktorhut in Kassel geholt habe, unwürdig! Man habe schließlich am Ort eine Apotheke, der junge Steinmüller, das müsse man ihm lassen, führe da mit seinem Associé

ein respectables Angebot von Pulvern, Pillen, probaten
Medicin-Mitteln.

10

Frag nicht soviel, sagt die Magd, zieht das Kind die
Hauptstraße hinunter zur Abläsch, wo in den Gärten vor
dem Gießenbach Astern mit dem letzten Feuer des Som-
mers brennen, während die Berge schon grau dastehen, in
Vorahnung der Winterstürme.

Sag, macht er Gold, der Ruedi Steinmüller?

Papperlapapp, wenn er das könnte, wäre er reich. Müßte nicht mehr Schlosser sein, hinter seinem Feuer schuf-
ten und schwitzen.

Aber in den Märchen gibt es doch Männlein, die Gold
machen können?

Gnome, Zwerge, ja.

Lieber wäre sie allein zu Steinmüllers gegangen, die ihr
Bericht gegeben haben, der Koffer sei da, aber das Kind
hat gebettelt, bitte Anna, nimm mich mit, und da hat sie
es nicht übers Herz gebracht, es allein zu lassen. Die
Susanna hat mit der Mutter zur Teevisite dürfen, Knicks
hier, Knicks da, Köpfchen schief legen, artig lächeln,
Staat läßt sich machen mit der kleinen Puppe im Reif-
rock, das Haar wie ein Seidentuch ausgebreitet über dem
Spitzenkragen. Das Anna Migeli nächstes Mal, ja, ja, sicher. Bleib daheim und iß Zuckermandeln.

Sie hat es mitgenommen auf sein Versprechen hin, der
Mutter nichts zu sagen, die Tschudin will nicht, daß die
Kinder in Häusern verkehren, die unter ihrem Stand sind.
Da nützt auch die Verwandtschaft um sieben Ecken her-
um nichts.

Steinmüller tritt aus der Werkstatt, er sei allein, die
Frau bei einer Nichte in Riedern, sie sollen nur hinaufgehen, der Koffer stehe in der Stube.

Sie habe Angst gehabt, der Koffer komme nicht mehr, sagt Anna zu Steinmüller. In den Untertanenländern sei man seines Guts nie sicher, der zürcherische Landvogt sei gar ein hungriger, konfisziere, was ihm in die Hände falle, das sei ihr schon einmal mit einem Koffer voller Kleidungsstücke passiert, den sie von Mollis aus nach Hause geschickt habe. Die Vögte betrachteten eben die Leute als ihr Eigentum, mit Stumpf und Stiel.

Auf dem Stubenboden klappt Anna den Koffer auf, prüft, ob alles da ist. Das Kind hat sich daneben gekniet, streicht vorsichtig über den Stoff: Ist das Seide, Anna? Und das hier Brokat? Sie nickt, während ihre Blicke schwelgerisch über die Stoffe gleiten, antwortet zerstreut, sieht sich in einem der Kleider morgen am Gallusmarkt zwischen den Ständen gehen.

Als der Koffer wieder zu ist, kommt Steinmüller herauf. Er streicht Anna Maria übers Haar, schenkt ihr ein Bildchen fürs Gebetbuch, einen Scherenschnitt, auf dem man einen Grabstein erkennt, eine Trauerweide mit Vögeln. Eine Frau, die er mit seiner Honigpaste geheilt hat von chronischer Bronchitis, hat es für ihn geschnitten. Er langt von einem Regal auch ein Buch herunter mit metallenen Schließen, die Schöpfungsgeschichte sei darin, ob Anna Migeli lesen könne?

Erst Buchstaben nachmalen, buchstabieren.

Steinmüller nickt, meint dann, dem Alter nach müsse das Kind doch bald lesen können. Aber er wisse, sein Vetter, der alte Lehrer, presse zweihundert Kinder in einen Raum hinein, unterrichte ohne Klassen. Schade, daß die Glarner das Geld reue, zwei evangelische Lehrer anzustellen, Vater und Sohn Steinmüller, der Junge müsse jetzt sein Auskommen mit einer Privatschule und der Apotheke suchen, in der er auch noch die Buchhaltung führe. Kein Wunder, wenn bei einem solchen Schulbetrieb die Kinder nur im Schneckentempo vorankämen.

Anna Maria solle im Buch blättern, es seien feine Kup-

fer darin von den Tieren im Paradies, der Sintflut und
dem Turm zu Babel. Derweil das Kind die Tafeln betrachte, solle Anna in die Schmiede kommen, er wolle ihr
etwas zeigen.

In der Schmiede zieht er hinter Gläsern ein Buch hervor,
Geheimrecepte, er habe sie teuer auf dem Markt zu Weesen
erstanden. Er müsse sie vor Dorothea versteckt halten, sie
habe kein Verständnis für seine Pröblerleidenschaft, sähe es
lieber, er ginge seinen Trott wie alle andern. Er mache ja
auch, was sein Beruf von ihm verlange, mache alles recht,
man vertraue ihm gerne Gesellen an, aber nach Feierabend
cultiviere er den Hang zum Besonderen. Zu ihr gesagt: Er
wäre gerne Doktor der Medizin oder wenigstens Bader
geworden, aber sein Vater habe für sein Studium nicht das
nötige Portemonnaie gehabt. Die Landesstipendien würden nur an reiche Söhne vergeben, die ließe man, so blöd sie
im einzelnen oft seien, à tout prix studieren: in London,
Göttingen, Kassel, Padua und weißgottwo. Dabei setze
gerade ein Heilberuf Begabung voraus, wenn man die nicht
habe, sei alle Studiertheit vergebens. Das könne man am
Beispiel ihres Brotherrn Tschudi sehen. Einem Schreiner,
der hinter dem Höfli wohne, habe der Tschudi drei Jahre
lang an einem offenen Bein herumgedoktert, dies und das
ausprobiert, ohne Erfolg! Ihm, Steinmüller, sei die Heilung
des Schreinerbeins nach zwei Wochen gelungen. Dank
einer Spezialsalbe, deren Ingredienzen er nicht preisgebe.
Sie dürfe von der Geschichte kein Sterbenswörtchen verraten, er wolle nicht ins Gerede kommen, lieber ungeachtet,
unauffällig leben: Fürchte Neider.

Anna unterdrückt mit Mühe ein Lächeln. Dieses kuriose
Mannli, das behende wie eine Sprungfeder von ihr zum
Feuer, vom Feuer zu den Gläsern, von den Gläsern zu ihr
springt und sich vor ihr wichtig macht!

Er schlägt das Receptbuch auf, hält es ihr dicht unter
die Nase. Das Receptbuch sei so teuer zu stehen gekommen, weil Verbotenes darin abgedruckt sei: Teufelszwän-

ge, mit deren Hilfe man Luzifer, Beelzebub, Astarot und andere höllische Fürsten citieren könne, es enthalte auch die Unterschriften und Sigillen der achtzehn Hauptgeister. Davon aber wolle er die Finger lassen, das sei heikel, ein Seilact, man baumle mit den Beinen über dem höllischen Abgrund. Ob ihr der Fall des studiosus medicinae von der Christnacht anno 1715 bekannt sei? Sie könne in diesem Buch eine historische und actenmäßige Relation der Begebenheiten nachlesen. Gleich jetzt, er müsse in seinem Kessel etwas umrühren ...

Anna hat Mühe, in der dämmrigen Schmiede zu lesen, stellt sich mit dem Buch näher zum Fenster hin. Ein Medizinstudent hat mit zwei Bauernburschen versucht, mit Hilfe einer Teufelscitation einen Schatz zu heben. Alle drei sind in dem Weinberghäuschen umgekommen. Eine Abbildung zeigt die entseelten Leiber des studiosus, des Bauern von Debritschen und des Bauern von Ammerbach.

Eine sonderbare, merkwürdige und betrübliche Angelegenheit, murmelt Steinmüller, der jetzt neben ihr auf das Bild schaut. Auf so etwas lasse er sich nicht ein. Er halte sich an andere Recepte, das gegen Gesichtsrose zum Beispiel habe er schon an einem Kranken ausprobieret, ein anderes, gegen Wurmbefall, stelle er gerade her, es sei ein spiritus urinosus.

Er bringt ein Reagenzglas mit einer öligen, gelben Flüssigkeit. Er habe eine Schlange, Bibergeil, Blut von einem Ziegenböcklein auf dem Vordach an der Sonne getrocknet, alles klein geschnitten, dann in einer gläsernen Retorte im Sand destilliert, alles bei gelindem Feuer. Zu Anfang sei das Phlegma weggegangen, das sei der Schleim, hernach setze sich das sale volatile als Schnee an die Seiten des Recipienten, ein gewisser Rauch dünste aus, solange das dunkle Öl tröpfle. Den spiritus urinosus aber, der von dem Öl befreit werden müsse, rectificiere man durch Zusatz von gebrannten Knochen ...

Jesus! Das Kind!

Da steht es in der grottenähnlichen Werkstatt, hält einen vertrockneten Frosch in der Hand. Wie lange steht es wohl schon so im Hintergrund? Das hätte sie sich ja denken können, daß es kein Sitzleder hat, schnell genug bekommt von den Kupfern.

Ist er tot, Anni? Ich will heimgehen.

Steinmüller hat erschrocken das Buch zugeschlagen; als Anna mit dem Kind hinaufgeht, versteckt er es wieder hinter den Gläsern.

Mit dem Koffer machen sie sich auf den Heimweg.

Wind ist aufgekommen, Blätter wirbeln über den Platz. Du hast so viele schöne Kleider, Anna, sagt das Kind. Bist du denn nie arm gewesen?

Aber sicher bin ich arm gewesen, Närrlein.

11

Damals, als sie den Vater, Hausvorstand und Ernährer verloren hatten, war es bergab gegangen mit ihrem Ansehen in Sennwald. Kaum war der Vater unter dem Boden, inspizierte der Schloßknecht auf obrigkeitlichen Befehl den Stall. Es war der Brauch, daß der Vogt nach dem Tod eines Untertanen den sogenannten Fall bekam, das beste Stück Vieh im Stall. Viel vorzuweisen gab es nicht, die einzige gesunde Kuh war die Lisetta, die führte der Schloßknecht weg.

Die Mutter hatte ihn vergebens angefleht, ihnen die Kuh bis zum Frühjahr zu lassen, die Vorräte seien aufgebraucht, das einzige Nahrungsmittel die Milch. Aber der Schloßknecht hatte sich nicht erweichen lassen. Der Fall müsse innert drei Tagen geleistet werden, da könne sich jeder aufs Jammern verlegen, Gesetz sei Gesetz.

Punkt und Sand darüber.

Die Mutter konnte nur noch abends spinnen, untertags hatte sie im Stall zu tun. Sie war still geworden, als fehle ihr selbst zum Lamentieren und Schimpfen die Kraft, ihr Gesicht war grau, nur der Leib wurde zusehends rundlicher, schien sonderbar zu gedeihen.

Anfangs März blieb sie eines Morgens mit Leibkrämpfen im Bett, Anna wurde zu der ältesten Schwester nach Salez geschickt. Katharina ließ nach einem Augenschein die Base, Hebamme im Werdenbergischen, holen, die in diesen Tagen Verwandte in Sennwald besuchte.

Als Anna am Nachmittag von der Schule kam, tauchte die Base ein Leintuch in einen mit Wasser gefüllten Holzbottich.

Auf dem Tuch waren Blutflecken.

Anna fragte erschrocken: Ist die Mutter jetzt auch tot?

Nein, nur das Brüderchen, das ihr hättet bekommen sollen, sagte die Base. Eure Mutter hätte es noch austragen sollen in ihrem Bauch, aber sie hat so großen Kummer gehabt, da wollte das Brüderchen lieber nicht auf die Welt kommen, wollte gleich ein Englein sein.

Anna hatte nicht gewußt, daß die Mutter ein Kind bekommen sollte.

Haus und Stall waren verschuldet, die Gläubiger setzten den Gildenvogt ein. Viel war nicht zu holen: ein Bett, eine Truhe, ein bißchen Hausrat.

Nach der Fehlgeburt erholte sich die Mutter nicht mehr, matt saß sie am Spinnrad. Der Gildenvogt hatte bestimmt, daß vorübergehend ein Knecht gedungen werden mußte, noch hatten sie fremdes Vieh im Stall, im Frühling versprachen sich die Gläubiger Erlös. Der Knecht, ein Bursche aus dem Toggenburgischen, erhielt fast keinen Lohn, dafür saß ein Esser mehr am Tisch. An Vaters Platz angelte er nach den besten Brocken. Seinetwegen mußte man in der Mühle Ruchbrot holen, jeden Samstag hatten sie dort eine Rechnung von mehreren Kreuzern. Anna mußte überall mit anpacken, sie fütterte die Hühner, mistete den Stall aus, half in der Haushaltung, ganze Tage fehlte sie in der Schule.

Im Winter darauf mußte sie die Schule ganz aufgeben. Sie war traurig, jetzt hatte sie nur lesen, aber nicht schreiben gelernt.

Schreiben, wozu? fragte die Mutter.

Der Pfarrer verlas von der Kanzel ein Schreiben der Schloß-Canzley, an Martini könne das Nördlinger Tuch geholt werden, er las die Namen der armen Familien herunter, die Anrecht auf die Stiftung hatten. Jährlich wurden dreihundert Ellen Tuch feierlich verteilt, ein »Vermächtnis gutherziger Leute«, das »Allmosen-Ambt« Zürich gewährte einen Zuschuß, in Sennwald waren von 161 Haushaltungen 51 almosengenössig.

Anna und Barbara sollten das Tuch holen, bestimmte die Mutter, sie sei zu schwach, den weiten Weg unter die Füße zu nehmen nach Schloß Forsteck.

Auch andere Eltern schickten ihre Kinder, mochten nicht Spießrutenlaufen vor den edlen Spendern.

So machte sich gegen Mittag ein Trüppchen Kinder und Halbwüchsiger auf den Weg. Der Wald, vom ersten Schnee helldunkel bebändert, war ein Tarnwald für den Hexenvogel, die Elster. Die Mutigen flatterten mit den Armen, hüpften den Weg entlang, als seien sie selber Vögel und der Wald ihr angestammtes Revier, die Ängstlichen schoben sich in ihrem Windschatten vorwärts. Hinter den Stämmen erschien das Schloß mit seinen treppenartigen Firsten, dem alten Burgteil, vom Vogt als Kornschütze benutzt, den neuen, weitläufigen Gebäuden, der Ringmauer, dem Laufgraben.

Vor dem Schloß machte der Wald halt, als hätte ihn jemand in den Kreis gebannt.

Barbara wollte nicht mit hinein, hing widerstrebend an Annas Arm.

Anna gab ihr einen Stoß: Tu nicht so blöd, komm.

Sie zog Barbara den Gang entlang, wo die andern Kinder schon unter dem Kreuzgewölbe entlanggingen, zu einer Herde zusammengedrängt, eingeschüchtert von den Bildern an der Wand, aus denen Männer mit kuriosen Wagenrädern um den Hals und Knebelbärten heruntersahen.

Die Armen versammelten sich in der Knechtestube. Der Landvogt saß am Eichentisch, den ältesten der Pfarrherrn zur Seite, die Ehrengäste nahmen den Wänden entlang Platz. Für die Armen waren keine Stühle vorgesehen, sie standen aneinandergedrängt in verlotterten Kleidern, barhäuptig, die Kopfbedeckung in den Händen, und die Ehrengäste konnten von ihren Logenplätzen aus zuschauen, wie sie nach den Brotstücken schielten, die jetzt in riesigen Weidenkörben hereingebracht wurden von der Landvögtin und ihren Mägden.

Der Vogt setzte, weil es Pflicht und Brauch so wollte, zu einer Ansprache an, zitierte die göttliche Barmherzigkeit, den heiligen Martin und die Mildtätigkeit der gnädigen Herren in Zürich mitsamt dem löblichen AlmosenAmbt; in den Sprechpausen hörte man das ungeduldige Scharren der Füße. Geben mache seliger als nehmen, rief er aus, um seiner Rede einen Schluß zu geben, und die Ehrengäste in den Lehnstühlen nickten und kreuzten die Finger über den Rundungen der Leibesmitte, ihre Gesichter rosig zwischen weißen Perücken und Spitzenjabots.

Dann rief jeder der Pfarrherren die ihm zugehörigen Armen auf. Verschämt lösten sie sich aus der Menge, traten an den Eichentisch, wo das Nördlinger Tuch ausgemessen, angeschnitten und von Hand gerissen wurde. Die Knechtestube füllte sich mit dem Staub der dreihundert Ellen Tuch, mit den Gerüchen von Stall und elender Unterkunft; die Landvögtin, aus erstklassiger Züricher Familie stammend, zog die Nase kraus.

Sie zog sich vor dem Ende der Zeremonie mit ihren Mägden zurück. Nach der Verteilung pflegte man im Eßsaal aufzuwarten mit Fischen aus den Bannbächen, Geräuchertem und Küchli für die Herren Pfarrer und Ehrengäste; die Armen erhielten ein Stück Brot.

Bevor die Kinder heimgingen, sagte der Pfarrer von Sax, es sei kein Anstand, daß so viele Kinder ohne Eltern gekommen seien, nächstes Jahr würden diese Familien leer ausgehen.

Der Rückzug der Kinder war gelockerter, die Angst vor dem Schloß war größer gewesen als die vor dem Wald. Sie gingen in kleinen Gruppen, bissen in die Ruchbrote, die im Schloß verteilt worden waren. Die Dämmerung sickerte in die Zwischenräume der Buchenstämme. Die Vögel schienen zu schlafen, man sah keine mehr, nur ein feines Schwirren ging durch den Wald. Als das Trüppchen der Mädchen heranrückte, schoß einer der Knaben hinter einem Stamm hervor, stieß einen Eulenruf aus, die Mädchen stoben auseinander, erholten sich kichernd von ihrem Schreck. Da wurden auch ein paar andere der Buben übermütig, einer griff nach Annas Zöpfen, die dichter, dunkler waren als die der anderen, sein Freund zeigte auf Annas Brust, rief lachend, die hat schon Holz vor dem Haus.

In einer Januarnacht erwachte Anna, spürte, wie etwas Warmes ihr die Beine hinunterrann.

Sie erschrak, wagte nicht nachzuschauen, da Barbara zusammengekuschelt an ihrem Rücken schlief.

Im Morgengrauen stellte sie mit dem Finger fest, daß es Blut war. Sofort dachte sie an das Leintuch mit den Flekken, das geschäftige Kommen und Gehen der Frauen, ihre Geheimnistuerei. Unter dem Leintuch, das von ihrem Atem gefroren war, durchfuhr es sie mit heißem Schwall: Bekomme ich ein Kind?

Als die Schwester erwachte, schützte sie Bauchschmerzen vor, blieb, die Beine klamm aneinandergepreßt, auf dem Laubsack liegen.

Endlich ging die Schwester aus der Kammer, Anna rief nach der Mutter, auch die erschrak über das Blut.

So früh habe sie das nicht erwartet, kurz nach Annas vierzehntem Geburtstag. Die Blutungen werden immer wiederkommen, regelmäßig, jeden Monat. Alle Frauen bekommen es, sagte die Mutter, in der Meinung, sie spende Trost.

Dann gab sie die Anweisungen weiter, die sie schon von ihrer Mutter hatte: Schau in der Zeit, wo du das Blut hast, nie in den Spiegel, sonst wird er trüb!

Komme nicht in Berührung mit kaltem Wasser, sonst rinnt das Blut stärker, rinnt alles aus dir heraus!

Berühre in diesem Zustand kein trächtiges Tier!

Pflanze nichts in dieser Zeit!

Und das Wichtigste: Von jetzt an kannst du ein Kind bekommen. Halt dir die Männer vom Leib, in jedem Mannenvolk ist ein Engel und ein Tier.

Ein Vierteljahr später, als Anna im Stall den Hühnerdreck von der Leiter kratzte, der Knecht auf dem Melkstuhl unter dem runden Bauch der Julia saß, stand der Knecht plötzlich auf, verriegelte von innen die Tür, ging von hinten an Anna heran, drückte sie an sich. Sie drehte sich um, zerkratzte ihm wie eine Wildkatze das Gesicht, schrie um Hilfe. Da ließ er sie los, schob fluchend den Riegel zurück.

Schluchzend erzählte sie es der Mutter. Die ließ Katharina kommen, beriet sich mit ihr.

Die Anna müsse weg, kamen sie überein. Zeit, daß sie sich selbst ihr Brot verdiene.

Durch Vermittlung des Bruders, der noch immer Knecht in Meyenfeldt war, bekam sie dort ihre erste Stellung bei einem Bauern.

12

Erbärmlich, diese Eiben, sagte Doktor Tschudi.

Der Schützenmeister habe stümperhaft an ihnen herumgeschnitten, elend sähen die Bäume aus.

Ob es etwa in ihrer Competenz gewesen sei, den Schützenmeister hinter seinem Rücken zu rufen?

Frau Tschudi zuckte die Achseln, drehte sich um. Sie wußte den seltenen Wutanfall ihres Mannes zu goutieren. Zumal der Umstand, daß der Schützenmeister ihr Augen machte, die wahre Ursache seines Ärgers war.

Anna beobachtete ihn durch die Küchentür. Sein Gesicht, von Erregung gestrafft, hatte etwas Löwenhaftes. Sie teilte seinen Zorn: Die Eiben waren schändlich zugerichtet, mit Löchern, durch die man den nackten Stamm sah, der rötlich schimmerte wie wundes Fleisch zwischen verhacktem Grün.

Am Markttag ging Anna zu Steinmüllers in die Abläsch. Ein Wunder, daß man sie einmal allein sehe, sagte Dorothea, die in der Küche am Herd stand. Die Tschudikinder klebten ja förmlich an ihr. Anna nickte. Anhänglich seien sie schon, aber es seien auch »meisterlose« Kinder. Und von allen sei Anna Maria das meisterloseste.

Es gab Schafbraten mit Knoblauch, Kartoffeln. Anna lobte das Essen, man merke, da sei nicht mit Schmalz gespart worden. Bei der Tschudin dürfe sie kaum in den Fettnapf greifen. Sie zähle auch jede Bohne, jede Kartoffel ab, bei Tisch sei selten genug da.

Daß die Elsbeth Tschudi knausrig sei, könne sie kaum verstehen, sagte Dorothea. Geld sei wahrhaftig genug da. Wie es im Glarnerland üblich sei, habe sich Geld zu Geld gefunden: die Tochter des reichen Ennendaer Ratsherrn Ellmer und der Sohn des Arztes und Rates Tschudi. Zum Hochzeitsessen habe der Rat seinerzeit drei Gemsen aus den Freibergen bewilligt, bei gewöhnlichen Sterblichen genehmige er eine . . .

Was es denn mit den Gemsen und den Freibergen für eine Bewandtnis habe, fragte Anna.

Das sei ein Wildreservat, die Gemsen dort geschützt. Die könnten auf ihren Felszacken herumtollen, nur die von der Obrigkeit bestimmten Freibergjäger dürften sie schießen. Zur Hochzeit eines Bürgers, zum jährlichen Chorherrenessen.

Anna lachte.

Das verstehe sie nicht.

Frei seien dort die Gemsen, dürften nach Lust und Laune über die Felsen springen, stark werden, wozu? Damit sie mit Messer und Gabel traktiert würden? Sie sei zwar in einem Untertanenland aufgewachsen, aber unter Freiheit verstünde sie etwas anderes.

Freiheit, die freie Schweiz, sagte Steinmüller höhnisch. Ist das noch eine Demokratie, wo die vornehmsten Staatsämter für den höchsten Preis verschachert werden? Der Meistbietende ist der Weiseste. Die Landsgemeinde ist auch im freien Stand Glarus längst zu einer Farce geworden. Nicht das Volk regiert; die Schindler, Tschudi, Marti, Zwicki, Hauser, Bernold, Freuler, Heer, Blumer, das sind die eigentlichen Regenten des Landes ... Steinmüller schob ärgerlich den Teller beiseite, stopfte sich die Pfeife.

Vom Zaunplatz drang Lärm herüber: Viehmarkt. Die Bauern hatten im Frühherbst die Alpen entladen, verkauften jetzt einen Teil des gesömmerten Viehs. Für den Erlös erstanden sie auf dem Markt Gerätschaften und Wintervorrat.

Im Dezember füllte sich die Talrinne mit Schnee.

In der Morgenfrühe aufstehen, weil das Haus warm sein muß, wenn der Tag für die Herren beginnt, immer mit dem rechten Bein zuerst aus dem Bett, Anna, mit dem linken Fuß aufstehen bringt Mißgeschick, Linkisches, Verfehltes. Mit bloßen Füßen über die Fliesen, Kälte kriecht die Beine empor. Die Läden aufstoßen. Den Kopf im Nacken nach dem Himmel suchen über den Bergspitzen, ein dunkler Streifen wie verregnetes Wachstuch, straff über die Berge gespannt. Der Glärnisch schimmert fahl mit seinen Schneefeldern, zu dieser Stunde ist er ein Grabstein, eine Pyramide aus Marmor. So einen Grabstein hat der Pfarrer Danuser bekommen mit Trauerengeln links und rechts.

Noch kräht kein Hahn, der Mond treibt über die Schwammhöhe weg wie eine unreife Frucht. Der Nachtwächter zieht durch die Gassen. Da und dort steht eine Magd auf, greift im Halbdunkel, vor Kälte zitternd, nach Hemd, Brusttuch, Mieder. Den Schlaf aus den Augen waschen kann sie nicht, das Wasser ist im Waschkrug gefroren. Fuß vor Fuß die Treppe hinunter, die Stufen meiden, wo es quietscht und knarrt, nichts ist so delikat wie der Schlaf der Herrschaft.

In gebückter Stellung, den brennenden Span in den klammen Fingern, abwarten, bis die ersten Funken springen. Zischende, rote Schlangen, wehe, wenn sie zum Schlafzimmer hinaufzüngeln, einen feurigen Vorhang weben um das herrschaftliche Doppelbett ...

Wenn das Feuer prasselt, kann sie sich noch eine Stunde Zeit lassen, im kupfernen Wasserschiff auf dem Herd wird das Wasser warm. Mieder, Brusttuch, das Hemd weg, sich waschen über dem Schüttstein. Anna rubbelt sich mit dem Tuch trocken, flicht die Zöpfe auf, kämmt das Haar, merkt nicht, daß der Herr, den man zu einem Notfall gerufen hat, auf der Schwelle steht und sie betrachtet. Dieser rosige, von Wärme durchpulste Körper, die vollen, festen Brüste, das offene Haar ...

Es knackt, sie schreckt zusammen, weiß nicht, ob es die Diele ist oder das Kind, das immer zur Unzeit auftaucht – da begegnet sie dem Blick des Herrn.

Der Gedanke, daß er schon lange dort stehen könnte, ihr zuschaut, treibt ihr die Röte ins Gesicht.

Er habe zu einer Kindsbetterin müssen, erklärt er, sei froh um eine Tasse Kaffee.

Noch immer starrt er, der Herr. Er nimmt sich das Recht. Die Anna ist ein Teil seines Hausstandes, so drückt er sich, Monate später, vor Gericht aus.

Anna, die Kleider vor die Brust gepreßt, hält seinem Blick stand. Seine unter dicken Lidern verkrochenen Augen. Sein hündischer, unsicherer Blick. Sie bezwingt ihn, verdattert weicht er zurück, über die Schwelle, ins Eßzimmer.

Während das Kaffeewasser kocht, zieht sie sich an, steckt die Zöpfe hoch, bändigt die Haarfülle, indem sie die Haube überzieht.

Ihre schwarzen Haarschlangen.

Krauses Haar, krauser Sinn, hui da steckt der Teufel drin, sagen die Bauern.

Und: Wo Haar ist, ist Lust.

Anna, hatte Frau Tschudi am ersten Abend gesagt, Ihr tragt, wenn Ihr die Hausgeschäfte verrichtet, immer eine Haube, so will es Brauch und Anstand.

Jawohl, Frau Tockter.

Immer wieder Szenen wie diese am Frühstückstisch: Mach mir die Haut auf der Milch weg, Anni!

Gleich, Anna Maria.

Sofort, hörst du! Oder ich leere mein Beckeli aus!

Du siehst doch, ich bin am Eingießen. Dem Heinrich eine Tasse voll, der Susanna . . .

Da versetzt Anna Maria ihrer Tasse einen Stoß, daß die Milch überschwappt, sich über das Tischtuch ergießt.

Böses Kind!

Selber bös, blöde, wüste Anna!

So, jetzt bekommst du keine Milch mehr.

Aber du mußt mir Milch geben, du bist die Magd, eine ganz gewöhnliche, hat die Mutter gesagt. Tust nur so besonders.

Pfui! ruft Anna aufgebracht. Geh vom Tisch!

Das Mädchen beginnt kläglich zu heulen, bis die Mutter aus dem Schlafzimmer herunterkommt, nach der Ursache des Lärms fragt.

Die Anna hat mich geschlagen. Es fährt mit der Hand

über die Wange, als gelte es dort eine brennende Stelle abzukühlen.

Anna! Ein für allemal: Die Kinder werden nicht angerührt!

Aber, Frau Tockter, ich hab' ja ...

Der Rest des Satzes geht unter im Geheul.

Verstanden, Anna?

Aber, Frau Tockter ...

Kein Aber, Anna.

Gab es tagsüber Zwist, so versöhnten die Föhnnächte. Anfangs März wütete der Föhn, stürzte sich, vom Südwall der Alpen kommend, mit Wucht ins Tal, rüttelte, brauste, die Föhnwacht ging gassauf, gassab; Feuer brennen zu lassen war bei Strafe verboten.

Nachts hörte Anna ein Tappen, das Knarren der Kammertür, das Hinwischen kleiner Füße über die Tannendielen: Anna, ich fürchte mich. Das wilde Heer reitet durchs Haus, die Stini hat mir davon erzählt.

Anna rückt im Bett zur Seite, das Kind wird in ihrer Atemnähe weich und schlafschwer.

Einmal aber, sie hat sich kaum entkleidet, steht der Herr unter der Kammertür. Sein Gesicht, im Lichtschein der Kerze, eine flache Mondscheibe, nur die Augen lebendig, bettelnd. Sie drängt ihn, sanft auf ihn einsprechend, hinaus. Sie habe schon genug Unglück gehabt, wolle ihren Frieden haben, die Frau nicht kränken. Zudem komme das Kind, die Anna Maria, fast jede Nacht herauf, sie meine, sie höre es schon ...

Als er fort ist, liegt sie lange im Dunkeln wach. Ihr Herz klopft gegen die Rippen, Schauer enttäuschter Sinnlichkeit fahren über die Glieder hin. Doch was ihr Körper auch meldet, sie will sich nicht mehr übertölpeln lassen. Sie weigert sich, es von neuem zu spielen, das Spiel mit den uralten Regeln: die Aussaat der halbbatzigen Komplimente, das rasche Streicheln, wenn die Frau den Rükken dreht, das Handauflegen da und dort, Händchenhalten. Später, das Netz der Blicke, süße Erlahmung in der fester und enger werdenden Verstrickung. Schließlich das Knarren der Kammertür. Der Herr, gebeugt von Schuldgefühlen, schleicht sich zur Magd, nimmt die Schäbigkeit der Kammer wahr, ein von der Hausfrau wohlweislich vernachlässigtes Exterritorium in seinem Haus, das ihm seinen Fehltritt sinnfällig vor Augen hält, das Heruntersteigen, Herunterkommen zur Befriedigung des Triebs. Schuldgefühle auch nach hastig vollzogenem Coitus, die kein Verweilen zulassen, kein Liebeswort, nur fort vom Tatort, die Spuren verwischt, Dunkel, Nachtsand darübergestreut.

Und die Magd liegt da, irgend etwas ist in ihr aufgekeimt, während ihre Hand scheu über den Rücken des Herrn gefahren ist, unsereiner hat auch ein Herz, ein Gefühl, ist mehr als ein Brocken Fleisch. Sei stille dem Herrn und warte auf ihn, Psalm 37,7. Der Herr ist mit dir bei Tag und bei Nacht. Herr, bleibe bei uns, denn es will Abend werden, und der Tag hat sich geneiget.

Zweimal ist die Saat aufgegangen.

Herr, führe uns nicht in Versuchung.

Ein drittes Mal darf es nicht geben.

Frau Tockter Tschudi, es muß doch einen Schlüssel geben zu meiner Kammer.

Ich weiß nicht, wo er ist. Die Stini hat auch keinen gehabt.

Herr Tockter Tschudi, kann ich Euch mein Erspartes in Verwahrung geben? In meiner Kommode oben scheint es mir nicht sicher. Die Kinder meinen es gewiß nicht bös, aber immer wieder ...

Natürlich hebe ich es für Euch auf. Wie groß ist es denn, Euer Vermögen?

Sechzehn Dublonen.

Und wie lange habt Ihr gespart?

An die fünfundzwanzig Jahre, Herr.

Frühlingsluft, die der Gartenmauer entlangstreicht, mit dem Grün der Büsche tändelt, ein Tag ohne Härte, schmeichlerisch glatt.

Hier das Fünffingerkraut, sagt der Herr, deutet mit dem von der Spitzenmanschette umflatterten Finger zur Erde. Anna nickt.

Sie stemmt den Fuß gegen den Spaten, gräbt ein Loch im Windschutz der Mauer, hantiert mit hochgebundenem Rock.

Der Ehrenpreis brauche einen besonderen Platz, sagt der Herr, der gehöre in den Glarnertee, den habe einer seiner Vorfahren, der Chirurgus Alexander Tschudi, vor rund sechzig Jahren erfunden, aber er nütze, wenn man ihn fachgerecht mit Edelleberkraut, Hirschzungen, Agrimonien zubereite, auch heute noch, werde von Glarner Händlern in alle Welt verkauft wie der Schabzieger und die Schieferplatten.

Während der Herr dies und das sagt, bewegt sich Anna in der geschmeidigen Luft. Gerüche tragen ihr Erinnerungen zu an Vaters Flachsfeld, die Malven der Pfarrfrau, die Heilkräuter hinter dem Haus der Hebamme Katharina in Werdenberg.

Die Spritzkanne, Anna.

Er faßt sie, in Rücksicht auf seine Manschetten, ungeschickt mit zwei Fingern, Wasser spritzt. Auf Annas Bein ziehen Tropfen eine glänzende Spur, der Herr starrt auf die weiße Haut. Dann blickt er auf, lacht ihr ins Gesicht.

Ein Sonnenkringel verfängt sich in ihrem Auge.

Die Frau verschiebt den Vorhang. Was die beiden da miteinander treiben an der Mauer?

Das Kreuzfeuer der Blicke. Faustdicke Heimlichkeiten. Und jetzt klettert seine Hand wie ein Ungeziefer am Oberarm der Magd hoch. Läppisch, täppisch, wie er nachts herüberlangt, seinen Teil fordert vom Ehebett.

Die Göldin steht da mit hochgeschürztem Rock, eine glänzende Spur auf der Wade.

Sie mag sich das nicht weiter ansehen, zieht sich zu ihrem Stickrahmen zurück, den Nadeln mit den farbigen Fäden.

Und der Rosmarinstrauch, Herr?

Anna hält den Strauch hin, den ihr der junge Steinmüller geschenkt hat, der Privatlehrer und Apotheker.

Der Herr sagt nichts, ein Gedanke reift in seinem Hirn, wie er sie so vor sich sieht mit dem wehenden blauen Kleid, der Schürze, dem Spaten in der Hand.

Jetzt den Trumpf ausspielen.

Die aufkeimende Vertraulichkeit dieser Stunde vertiefen.

Anna – sein wuchtiger Kopf rückt näher – ich weiß, weshalb Ihr weggegangen seid vom Pfarrer in Sennwald.

Seine Ohrmuschel, eine mit Laub getarnte Falle.

Der Camerarius kennt den Pfarrer von der Zürcher Synode.

Wie sich seine Lippen beim Sprechen krümmen, als tue er den Wörtern Gewalt an.

Aber nicht er ist es, der mich gewarnt hat, Anna.

Schweißtropfen auf seiner großporigen Haut.

Ein Durchreisender war es, er trat zu meinem Stammtisch im Rössli.

Die Augen lauern unter den schweren Lidern.

Herr Doctor und Fünferrichter, auf Ehr und Heilig, bey meinem Gewissen, mit aller discretion betrachte ich es als meyne unerlaßliche Pflicht – Ihr nährt eine Schlange am Herd Eures ehrenwerten Hauses – bey der Unschuld Eurer Kinder . . .

Anna steht starr, die Hände gefaltet über dem Spatenstiel.

. . . daß Ihr sie nicht einer Unholdin anvertrauet, die ihr eigen Fleisch und Blut – –

Nein, das stimmt nicht! stößt Anna hervor. O Herr, Herr! Ich kann nichts dafür, glaubt mir! Ein schrecklich Unglück ist's gewesen, bei meiner Seel!

Sie schlägt die Hände vors Gesicht, beginnt zu schluchzen. Befriedigt nimmt er ihre Bestürzung zur Kenntnis, läßt sie schnupfen, sagt nach einer Pause, während sein Zeigefinger auf ihrem Oberarm auf Erkundungsfahrt geht: Ich glaub' Euch ja, Anna.

Sie läßt die Hände sinken, zwinkert hinter Tränenschleiern.

Sagt Ihr es der Frau nicht? Wenn sie es erfährt, muß ich gehen. Morgen schon ...

Von mir wird sie nichts erfahren. Wir wollen ein Geheimnis haben, nicht, Anna?

Sein lüsterner Blick, schmieriges Einverständnis.

Versprecht, daß Ihr nichts sagt, wiederholt sie heftig.

Im oberen Stock reißt jemand ein Fenster auf.

Weiße Quellwolken spiegeln sich in der Scheibe.

Die Magie der Existenz ist ungeheuer

Raul Gustavo Aguirre

»... Sie diente hier bey einigen Herrschaften, und kam endlich zum Doctor Medicinae und Neuner Richter Tschudi.

Jetzt trug sie wie alle Kocketten bey verwelkender Schönheit die Miene der Demuth und Religion, und selbst ein Lavater, der sich doch so gut auf Menschengesichter versteht, würde es ihr nicht angesehen haben, daß so viel Bosheit in einem weiblichen Herzen stecken könnte, als sie hernach an den Tag gelegt hat. Der D. Tschudi ist ein wohlhabender und angesehener Mann, ist sehr lebhaft, höflich, leutselig, dienstfertig, wenns ihm nichts kostet, äußerst sparsam in seiner Haushaltung, sehr fleissig, zärt-lich gegen seine Gattin und stehet bey seinen Landsleuten in so gutem Kredite, daß er würklich die Stelle eines Neu-ner Richters bekleidet. Seine Frau ist ein rechtschaffenes Weib, eine gute Mutter, eine wackre Haushalterinn, die unschuldvolleste Miene, das ehrliche Herz immer auf der Hand, kurz, ein Mahler, der die Mutter Gottes auf ein Altar Blat setzen wollte, müßte die Züge entlehnen, um etwas Gutes zu mahlen. Unter den 5 liebenswürdigen Kin-dern dieses Ehepaares kommen vorzüglich nur die beyden älteren Mädchen in Betrachtung. Habe ich mir jemals die Kunst zu karacterisieren gewünscht, so ist es diesmal. Ich werfe Ihnen hier alle Züge des zweyten dieser Kinder, eines 9jährigen Mädchens unter einander hin ... Purpur und Rosen blüheten auf ihren schneeweißen Wangen, die Götinn der Freude thronte auf ihrem Gesichte, jedes Glied des Leibes war wohlproportioniert gebildet und zu jeder Bewegung geschickt. Ihr Verstand war von Jugend auf mittelmäßig, ihr Gehirn äußerst hart und nur durch unermüdlichen Fleiß, der von ihrer Ehrliebe angespornt ward, hat sie es so weit gebracht, daß sie sich für andere Kinder ihres Alters nicht schämen darf. Indessen ist sie kein Dummkopf, und hat gerade so viel Verstand, als eine

weibliche Seele haben muß, wann sie ihrem Mann nicht
zur Last fallen soll.

Diese Ihnen nun so obenhin beschriebenen Leutchens,
und dann ein Bruder des Herrn Doctors, ein Französi-
scher Officier, der im Semestre war, ein Mann ohne Men-
schenfurcht, voll ächten Schweizerbluts, zu edel, zu sehr
Soldat, als daß er fähig wäre, irgendwelche Niederträch-
tigkeiten zu begehen, dies sind, liebster Freund, die Perso-
nen, welche im Tschudischen Hause so vergnügt bey ein-
ander lebten, als weiland ADAM und EVA im Para-
diese.«

(Aus ›Freundschaftliche und vertrauliche Briefe, den so
genannten sehr berüchtigten Hexenhandel zu Glarus be-
treffend‹, geschrieben von Heinrich Ludewig Lehmann,
Candidat der Gottesgelehrtheit aus Ulm, Zürich, 1783,
bey Johann Caspar Füeßly.)

Lehmann hat Anna nicht gekannt; er kam erst nach
ihrer Hinrichtung, im Juni 83, nach Glarus.

Hinter den Paradiesen, die Lehmann meint, schwitz-
ten die Kulissenschieber, die Tischleindeckdich-Köche,
Gärtner hielten mit Scheren die Natur in Zucht, Arme
schafften die Abfälle der Schlaraffenlandbewohner weg,
Mägde wärmten schlaftrunken in der Frühe die Paradiese.

Das himmlische Paradies, hatte der Camerarius gesagt,
gehöre dereinst im Unterschied zu den irdischen Paradiesen allen Menschen, denn vor Gott, heiße es in der Bibel,
seien alle ohne Ansehen des Ranges und des Namens
gleich, Herr und Knecht, Magd und Frau säßen beim
Himmlischen Gastmahl am selbigen Tisch.

Vorstellen könne sie sich das nicht, sagte die Frau
Landvogt Altmann, wenn die Mägde und Knechte mit
ihnen am Tisch säßen, wer bediene dann? Immer müsse
es doch Wesen geben, die minderer seien als die andern,
sonst müßten die Herren am Ende noch den Dreck selber
tun. Vielleicht bekämen die Teufel Ordre, den himmli-

schen Service zu übernehmen, warf der Sohn von Pannerherr Zwicki ein und zwinkerte seinem Tischnachbarn zu.
Frau Altmann überging seinen Spott, sagte, das ergäbe in
der Tat eine Raison der Hölle, deren Existenzberechti-
gung ihr bis dato noch nie eingeleuchtet habe, Teufel also,
die auf Gottes Diktat hin die Scharen der Auserwählten
bedienten. Ein solches Paradies, meinte die Frau Lieutenant Becker, käme ihr gefährdet vor, auf der Spitze eines
Vulkans sozusagen, das Himmlische umwittert von Höl-
lendämpfen, leicht ginge ein solches Paradies in Flammen
auf.

Über ein Jahr ist Anna bei den Tschudis, und wie es jetzt
ist, scheint es immer weiterzugehen, die Stelle fürs Leben,
man ist mit ihr zufrieden, und sie ist es, von Schwierigkeiten abgesehen, die es überall geben kann, mit der
Herrschaft.

*Da verändert ein Streit, der später in wunderlicher Um-
ständlichkeit in die Akten kommt, die Szene: »An einem
Dienstag sei das Anna Migeli zu Ihro in Kuchi gekommen, habe sie an der Jüppen gezert, dann sie es abgewert
habe, und entlichen habe das Anna Migeli Ihro etwann
dreymahlen die Kappen hindenabenzert ...«*
Angesprungen hat das Anna Migeli sie wie eine Katze
von hinten, als sie sich zum Herdloch gebückt hat, um
mit dem Schürhaken ein Scheit in die Glut zu ziehen, und
noch einmal, schon zum drittenmal an diesem Tag, hat es
ihr die Haube vom Kopf gezerrt. Die Susanna, die auch
in der Küche gewesen ist, hat es genau gesehen, freches
Anna Migeli, du!, hat sie gerufen, aber die jüngere
Schwester hat sich umgedreht und ihr die Zunge heraus-
gestreckt. Da hat Anna dem Anna Migeli einen kleinen
Stoß, ein »Püffli« gegeben.
*»... Die Constitutin seye hierauf auf die Kammer ge-
gangen, und habe die Kappen wiederum angelegt. Wo das
Susanneli der Frau Mutter angezeiget, daß das Anna Mi-*

geli die Constitutin geplaget. Darob sie, nach Aussage des
Susannelis, jenes geschlagen, und dem Anna Migeli nichts
getan habe, das Susanneli seye auf zu ihro Constitutin
Kammer hinauf gekommen, und habe ihro gesagt, daß
das Susanneli deswegen von der Mama geschlagen wor-
den seye, darüber die Constitutin gesagt, sie hätte nicht
braucht das unschuldige zu schlagen, und das schuldige
laufen zu lassen ...«

Grobes Unrecht, jawohl, Susanneli, heul nicht. Ich sage
es ihr, der Mutter, der Frau, der Gnädigen. Anna ordnet,
während sie schimpft, ihre Haare, behaucht im Sprechen ihr Spiegelbild, die zusammengezogenen schwarzen
Brauen, die flackernden Augen. Dann klopft sie den
Staub aus der Haube, zupft die Rüschen zurecht, die Frau
soll warten, egal, wenn das Essen nicht pünktlich auf dem
Tisch steht.

Nach einer Weile erst geht Anna die Treppe hinunter,
ihre Röcke rascheln. Die Frau wartet auf dem untersten
Absatz. Anna bleibt dicht vor ihr stehen, stützt die Fäuste links und rechts in die Hüften, füllt die Brust mit
Atem:
    Frau Tockter, es dünkt mich ungerecht, daß ...
    Laßt das meine Sache sein, Anna.
    Aber Ihr habt das Unschuldige geschlagen und ...
    Mischt Euch nicht ein!
    ... und das Schuldige in Schutz ...
    Noch ein Wort, Anna, und Ihr könnt gehen.
    Anna, hochaufgerichtet, den Mund geöffnet, erstarrt.
Diese Drohung. In letzter Zeit ist ihr die Frau öfter damit
gekommen. Möchte sie wohl weghaben, aber da wird
sich der Herr schon wehren.

Worte, die man nicht sagen kann, werden schwer und
schwerer, Steinmüller! Bleiben im Bauch drin mit der
Wut. Als hätte man Brocken verschluckt, Steine!

Anna ging am Abend mit heftigen Schritten in der Stube des Schlossers auf und ab.

Steinmüller nickte, meinte nach einigem Nachdenken: Es geht nicht nur dir so, Anni. In Paris steckt man solche, die den Mund zur Unzeit auftun, in die Bastille. In Genf darfst du keinem etwas ins Ohr flüstern, schon glaubt man, dich verhaften zu müssen, weil du dich über die Polizei mokierst. In Bern darf keiner sagen, daß man Schweizerblut für Franzosengeld verkauft. Und in Glarus? Vor ein paar Jahren hat sich der Melchior Schuler im Eichen vor den Behörden verantworten müssen, weil er gesagt hat, das Volk wäre nur einmal im Jahr, an der Landsgemeinde, Meister, doch könne eine Zeit kommen, wo es »mehr Meister wäre«. Der Chirurg Tschudi, weil er den Herren vorgeworfen hat, sie würden »einander schonen, die Kleinen aber hernehmen«. Des Haschiers Vögelis Schwester, weil sie gesagt hat, man müsse »hinter die Reichen, so könne man es nicht mehr haben«.

Das ist gefährlich, alle die vielen Mäuler, die Bäuche mit den ungesagten Wörtern. Wörter, die man schluckt, werden lebendig, Anna. Wetten, die kommen in irgendeiner Form wieder heraus. Das erleben wir vielleicht noch, Anna, daß die Wörter, von gewaltigem Druck herausgeschleudert, selbständig durch die Luft fliegen.

2

»... wann sie das Anna Migeli geschlagen hätte, wäre vielleicht das unglück nicht begegnet, sie seye eben dem Anna Migele übel an worden ...«

Wenige Tage nach dem Streit in der Küche, am Dienstag, dem 19. Oktober, fand Anna Maria in ihrer Frühstücksmilch eine Stecknadel. Schau, Mama, eine Guffen! rief sie und zeigte den metallenen Gegenstand auf dem Grund der Tasse. Der Vorfall wurde nicht wichtig genommen. Als aber am Mittwoch, Donnerstag und Freitag ebenfalls eine Stecknadel in Anna Marias Tasse zu finden war, schickte die Frau den Herrn zu Anna in die Küche.

Das sei doch eine merkwürdige Sache, sagte der Herr, ob Anna denn plötzlich so nachlässig sei? Sie werde doch nicht etwa mit Absicht die Guffen in die Milch fallen lassen?

Anna sagte: Mit solchen Vorwürfen komme er zu der falschen Person, sie tue nichts anderes, als was sie immer getan habe: verteile den Milchkaffee in der Küche in die Tassen der Familienmitglieder, bringe dann die Tassen auf dem Tablett in das Eßzimmer.

Am Samstag kam Frau Tschudi vor dem Frühstück in die Küche, untersuchte den Kochtopf, die Milch. Sie fand nichts Verdächtiges. Als dann aber Susanna und Anna Maria ihre Tassen leergetrunken hatten, befand sich am Boden je eine Stecknadel.

Anna wurde ins Eßzimmer gerufen. Anna, wenn das noch ein einziges Mal vorkommt, muß ich Euch vor Gericht bringen!

Nein, so etwas, sagte Anna erstaunt. Sie blickte in die Tassen, sah die Stecknadeln auf dem Grund.

Könnt Ihr mir erklären, wie die Guffen da hineingeraten?

Da müßt Ihr nicht mich fragen, Frau Tockter. Ich wüßte gar nicht, woher ich die Stecknadeln nehmen sollte, ich habe keine, von mir kommen sie nicht in die Milch, sagte Anna und lachte. Ja, sie lachte, betonte Frau Tschudi später vor Gericht.

Sonntag. Dieses verflixte Frühstück. Soll es doch die Frau machen!

Anna nimmt die Pfanne, sieht sie sich, bevor sie auf den Herd kommt, gründlich an. Nichts. Auch die Tassen hängen sauber an ihren Haken. Sie nimmt sie herunter, stellt sie in Reih und Glied aufs Tablett.

Jedes Familienmitglied hat seine eigene Tasse, nur die

der Mädchen sind gleich. Zürcher Keramik mit Blümchen und Sprüchen, der Herr hat sie von einer Reise mitgebracht. Die von Anna Maria, Anna weiß es genau, hat eine kleine Fletsche am linken Henkel, im letzten Winter, als sie ihre Milch nicht trinken wollte, ist die Tasse vom Tisch gefallen.

Anna gießt Milchkaffee ein. Als sie das Tablett ins Eßzimmer bringt, sitzen alle am Tisch, blicken erwartungsvoll; Heinrich, der zu kichern anfängt, wird von der Mutter zurechtgewiesen.

Susanna sagt weinerlich: Ich will meine Milch nicht trinken, wenn wieder eine ...

Schweig und trink! befiehlt Frau Tschudi.

Anna trägt absichtlich immer wieder etwas herein, beschäftigt sich lange mit dem Deckel des Honigtopfs, wirft dabei Blicke auf die Kinder, die unter den Augen der Eltern ihre Milch trinken.

Ist wieder eine drin? fragt Heinrich.

Heute nicht, sagt das Mädchen und stellt die leere Tasse hin. Alle atmen auf.

Am Sonntag um die Kaffeezeit, als die Frau Doktor zu Seckelmeister Zweifels zu einer Kindsbett-Visite gegangen ist, trinken die Kinder ihren Milchkaffee allein, Herr Tschudi liest im Nebenzimmer.

Plötzlich beginnt Anna Maria zu weinen, ruft: Wieder eine! fischt eine gekrümmte Stecknadel aus der Tasse und bringt sie dem Vater.

Doktor Tschudi legt sein Buch weg, geht in die Küche. Anna, sagt er, die Frau verliert die Nerven.

Was soll ich mit dieser Geschichte zu tun haben? fragt sie und schaut ihm ins Gesicht. Haltet Ihr mich im Ernst für so dumm?

Er schweigt bekümmert.

Über die Ereignisse des Montags lauten die Angaben, die Frau Tschudi und Anna später zuhanden der Ehrencommission machen, nicht übereinstimmend.

Frau Tschudi gibt zu Protokoll, sie habe die Milch, bevor sie aufgetragen wurde, untersucht und nichts darin gefunden, das Kind habe aber in einem Brotstückchen, das die Magd wie üblich in die Milch »eingeschnitten« habe, eine gekrümmte Stecknadel gefunden.

Die »Deposition« der Göldin hingegen lautet:

»Am Montag morgen habe sie Constitutin die Milch wieder gemacht, aber ein Beckeli voll minder angericht als gewöhnlich, worauf die Frau in die Kuchi gekommen, ihro Constitutin zu sagen, es mangle noch in ein Beckeli Milch, auf welches sie Constitutin gesagt, die Milch seye noch in der Pfanne, sie habe sie nicht wollen dem Anna Migeli anrichten, damit man nicht wieder meine, sie thue dem Anna Migeli Guffen darin; worüber die Frau geantwortet habe: das Anna Migeli hat schon seine Milch und es ist wieder ein Guffen darin gsin und zwaren in einem Möckli Brodt ein krümmte Guffen.«

Tatsache ist jedenfalls, daß Anna Göldin an diesem Montag, dem 25. Oktober 1781, von Frau Tschudi aus dem Dienst geschickt wurde. Anna ging sofort, ohne ihre Kleider zusammenzupacken, zum Haus des Rudolf Steinmüller.

Anna dürfe diese Ungerechtigkeit nicht auf sich sitzen lassen, sagte Steinmüller. Auch eine Magd komme hoffentlich in diesem Land noch zu ihrem Recht.

Vorausgesetzt, daß sie unschuldig sei, sagte Dorothea mit einem Seitenblick auf den Besuch.

Ich bin im Recht, sagte Anna.

Sich gleich an die oberste Stelle wenden, überlegte Steinmüller. Mit dem Landammann lasse sich reden. Der heiße zwar auch Tschudi, aber er halte ihn für vernünftig und gerecht, auch wenn ihm sein Amt durch das Los zugefallen sei. Ja, eine Eingabe, mündlich oder schriftlich. Ob Anna schreiben könne? Nein? Dann wolle er den Brief für sie aufsetzen. Das wolle mit Verstand gemacht sein. Die Anrede sei wichtig. Etwa so: Meine gnä-

digen Herren und Oberen. Abgekürzt: M. G. H. u. O.
Oder: Gerechte, gnädige, löbliche Herren . . .

Hochwohllöblich töne besser, sagte Dorothea.

Steinmüller nickte.

Dann weiterfahren. Etwa so: Nebst freundlichem
Grautz berichtet obenbemeldete Anna Göldin . . .

Gruß nicht Grautz, warf Anna ein.

Grautz, beharrte Steinmüller. Das glarnerische »Huus«
heiße ja auch im Schriftdeutschen Haus, »Muus« heiße
Maus, »uus« heiße aus, Gruß heiße . . .

Ich möchte meine Klage doch lieber mündlich vorbringen, sagte Anna.

Der Landammann überflog das Schreiben eines gewissen
Samuel Wagner, Berner Landvogt im Schloß Sargans, der
eindringlich die »Hochgeachteten, Hochwohlgebohre-
nen, Gestrengen, Gnädigen Herren und Oberen zu Glarus« bat, sich einer Linth-Sanierung anzunehmen. Die
Zustände in der Ebene zwischen Zürcher- und Walensee
seien untragbar geworden. Ob nicht die Tagsatzung den
Berner Andreas Lanz beauftragen könne, Projekte auszu-
arbeiten . . . Da wurde dem Landammann vom Amtsdie-
ner die Anna Göldin gemeldet. Anna Göldin? Der Name
sagte ihm nichts. Es sei die Magd des Fünferrichters
Tschudi. Sie behaupte, es sei ihr Unrecht widerfahren.

Der Landammann faltete das Schreiben zusammen, legte es auf das in französischer Sprache geschriebene Buch,
das er auf Empfehlung von Cosmus Heer in der »Lesecommun« ausgeliehen und gestern nacht mit wachsender
Begeisterung zu lesen begonnen hatte: Jean-Jacques
Rousseau, ›contrat social‹.

Eine Magd im Rathaus.

Ungewöhnlich.

Jedoch schmeichelhaft für die Idee der Demokratie.

Ja, man solle sie hereinlassen.

Er blieb hinter seinem Schreibtisch sitzen, die Magd

stand. Ihr Überhang war naß vom Regen, mit der linken Hand hielt sie ihn unter der Brust fest. Als er bei einer Bewegung auseinanderklaffte, sah er ihr fleckiges Dienstkleid, das nach Bratenfett roch.

Ihr festes Gesicht war vor Frost oder Aufregung gerötet.

Sie solle sprechen, sagte er.

Anna ließ ihren Blick über seine geputzten Schuhe schweifen, über die gekreuzten Finger auf seinem Bauch.

Dann holte sie Atem, begann zu sprechen.

Ruhig brachte sie ihre Klage vor. Man habe sie, ohne die Sache mit den Stecknadeln abzuklären, einfach davongejagt. Wohlverstanden, nachdem sie ein Jahr und sechs Wochen ihre Sache zur Zufriedenheit gemacht habe . . .

Der Landammann nickte.

Was sie sagte, hatte Hand und Fuß.

Sie solle zum Pfarrer gehen, der sei ein naher Verwandter der Frau Tschudi, vielleicht gelinge es dem Camerarius, die Frau so weit umzustimmen, daß sie der Sache nochmals nachgehe . . . Wenn nicht, dürfe sie wieder vorbeikommen.

Anna hatte Angst vor dem Camerarius.

Sah ihn vor sich, wie er sonntags auf der Kanzel stand, hager, jugendlich, seine bald sechzig Jahre traute man ihm nicht zu. Die Kirche düster, überladen.

Die beiden Orgeln nehmen Platz und Luft weg, eine katholische, eine evangelische, die Simultankirche dient beiden Konfessionen, aber das Gotteslob darf sich nicht vermischen.

Die Bilder an der Wand.

Weihrauchwolken vom Gottesdienst der Katholischen. Die Fahnen, die verstaubt an den Wänden hängen, schlapp. Kein Wind, kein Schlachtenlärm um sie herum.

Der Camerarius pflegt über eine Stunde zu predigen.

Diese prächtige, verschwenderische Entfaltung der Wörter.

Ein Wortpfau.

Ergießt von der Kanzel ein Füllhorn mit Ausrufen, Anmutungen, Nutzanwendungen, Bibelzitaten. Die schöne, sinnreiche, wohlabgewogene, ordentliche, langunterhaltende Rede des ehr-acht-preiswürdigen Predigers Tschudi.

»Gerechtigkeit erhöhet ein Volk, aber die Sünde ist der Leute Verderben«, König Salomo.

»Tugend zieht Wohlfahrt nach sich, Sünde Verderben.«

Das kann man bei den einzelnen Familien bestätigt sehen im Glarnerland.

»Fleiß, Arbeit, Gerechtigkeit, Betriebsamkeit, Unternehmergeist führen zu wahrer, gottesgesegneter Prosperität, Religion ist vernünftig, Tugend nützlich.«

Steinmüller hatte zu Anna nach einer Predigt gesagt: Mir scheint, der Camerarius macht aus unserem Herrgott einen Compagnon, einen Associé der Herren: der Martis, Tschudis, Freulers, Zwickis.

Ausgerechnet aus Jesus, diesem Versager. Schau ihn doch an an seinem Kreuz.

Am nächsten Morgen regnete es noch immer. Wie schon oft gegen Allerseelen war es kalt geworden. Windstöße fuhren über den Kirchenplatz, trieben in Wirbeln welke Blätter vor sich hin.

Als die Haushälterin Anna in das Studierzimmer führte, erhob sich der Camerarius. Eine Weile standen sie sich gegenüber, der Pfarrer, die Magd, von gleicher Körpergröße, als wollten sie ihre Kräfte messen.

Eine unverschämte Person, diese Göldin, dachte er. Nimmt sich heraus, bis hierher vorzudringen, obwohl sie sich an den Fingern ausrechnen kann, daß ich längst unterrichtet bin von den Vorgängen mit den Stecknadeln.

Elsbeth, seine Schwestertochter, war am Vortag hier im

Zimmer gestanden, hatte geweint bei der Vorstellung, was dem Anna Migeli, seinem Patenkind, hätte passieren können.

Mir ist Unrecht geschehen, sagte die Magd.

So? Der Pfarrer zog die Stirn hoch.

Unwillkürlich machte er eine Bewegung zum Bücherregal hin, wo die von ihm verfaßten Schriften standen, handgeschrieben, in zierlicher Schrift, die Blätter an den Rändern mit roten Randglossen versehen, in solides Leder gepreßt, mit Lederriemen und Schnitt.

›Sammlungen von Schriften, das Land, die Kirche, die Tagwen und das Spital von Glarus betreffend samt einer physikalischen Beschreibung des Cantons Glarus.‹

›Generationen, Genealogie oder kürzere Stammtafel der Tschudy.‹

›Geschichten von Glarus oder Stammtafeln der uralt adeligen Familie Tschudy von Glarus in drei Bänden.‹

Frau Tschudi hat mich . . . begann die Magd.

Ihr wagt es, Eure Herrschaft ungerecht zu nennen? schnitt er ihr den Satz ab.

Er kenne jedes Mitglied dieser Familie von Kindsbeinen an, keines könne für eine so niederträchtige Handlung in Frage kommen, wie es diese auf das Verderben eines unschuldigen Kindes ausgerichtete Guffen-Komödie sei. Da käme also nur noch sie als Täterin in Frage.

So stecke er also mit den Tschudis unter einer Decke? Sie blickte ihn an, die grauen Augen voll Verachtung und Zorn.

Er beherrschte sich mit Mühe, sagte, sie solle »für gutes Wetter beten«, das Land verlassen.

Wieso? fragte sie.

Da griff er nach seinem Spazierstock, schwang ihn, trieb Anna gegen die Tür.

Am Nachmittag ging Anna noch einmal zum Landammann.

Der Landammann, durch einen Besuch des Fünferrichters Tschudi umgestimmt, empfing sie unfreundlich. Anna sei die einzige, die im Tschudischen Haus mit der Milch zu tun gehabt habe, ergo müsse sie die Täterin sein. Sie solle den Rat des Pfarrers beherzigen, sich aus dem Land machen.

Aber ihre Kleider seien noch im Tschudi-Haus. Auch ihr Erspartes.

Dann solle sie hingehen und den Fünferrichter um Verzeihung bitten.

Am Mittwoch läutete Anna bei ihrem Brotherrn. Er kam unter die Tür, wartete, indem er sie vorwurfsvoll anblickte, auf ein Geständnis, eine Entschuldigung.

Sie wolle ihre Kleider, ihr Erspartes holen.

Er wisse nicht, ob er ihr die Kleider gebe. Sie sei so verstockt.

Wenn sie in seinem Haus ein Unrecht getan habe, so sei es ihr leid, sagte sie.

Da ließ er die Kleider holen, händigte ihr die sechzehn Dublonen aus. Warf ihr noch zu, sie solle ihrer Lebtag »derlei Sachen nicht mehr tun«.

Am Donnerstag fiel der erste Schnee. Anna sah ihn hinter den Fensterscheiben von Steinmüllers Küche fallen; mit kräftigen Besenstrichen fegte sie den Boden. Dorothea war einkaufen gegangen. Nach einer Weile kam Steinmüller mit seinem Receptbuch aus der Werkstatt herauf. Es seien merkwürdige Recepte und Anleitungen darin, die er Anna das letzte Mal nicht habe zeigen können:

Bereitung des Goldes auf künstlichem Wege

Den weiblichen Wesen Wünsche und Sehnsucht einzuflößen

Besonderes Stück, gestohlene Sachen wieder herzuzwingen

Einen Stecken schneiden, daß man einen damit prügeln kann, wie weit auch selbiger entfernt ist

Dies Recept könnte ich brauchen, sagte Anna, lachte und stützte die Hände auf dem Ende des Besenstiels auf. Lies vor, Steinmüller!

»Merk, wann der Mond neu wird, an einem Dienstag, so gehe vor der Sonnen Aufgang, tritt zu einem Stecken, wo du dir zuvor schon ausersehen hast, stelle dich mit deinem Gesicht gegen der Sonnen Aufgang, und sprich diese Worte: Steck, ich greife dich an im Namen † † †. Nimm dein Messer in deine Hand und sprich wiederum: Steck, ich schneide dich im Namen † † †, daß du mir sollst gehorsam sein, welchen ich prügeln will. Darnach schneide auf zwei Ort den Stecken etwas weg, damit du kannst diese Worte darauf schreiben: Abia, obia, sabia, lege einen Kittel auf einen Scheerhaufen, schlage mit diesem Stecken auf den Kittel, und nenne des Menschen Namen, welchen du prügeln willst, und schlage tapfer zu, so wirst du denselben ebenso hart treffen, als wenn er darunter wäre, und doch viele Meilen Wegs von dem Ort ist ...«

Durchs Küchenfenster sah Steinmüller seine Frau vom Markt zurückkommen, mit seinem Receptbuch verdrückte er sich in die Werkstatt.

Während Dorothea ihre Einkäufe auspackte, sagte sie zu Anna, der ganze Flecken spreche nur noch über die Geschichte mit den Stecknadeln. In der Metzgerei Streiff am Zaunplatz habe die Magd des Chirurgus Trümpy gesagt, die Anna habe einem der Tschudikinder Nadeln zu essen gegeben. Darauf die Streiffin: Das könne sie nicht glauben, die Anna sei keine ungeschlachte Person. Und dann ...

Dorothea brach ab, schwieg verlegen.

So red doch, drängte Anna.

Also ... da habe die Witwe des Majors Zweifel gesagt, die Anna Göldin, das wisse man aus sicherer Quelle, habe sich früher einmal an ihrem eigenen Fleisch und Blut vergangen, da werde sie wohl auch einem fremden Kinde Schaden zufügen können ...

Anna legte den Putzlappen aus der Hand, trat ans Fenster. Die Berge im Hintergrund schimmerten bläulich durch die Schneeschleier. Der Schatten hatte sie eingeholt; sie hätte von hier fortmüssen, auch wenn die Sache mit den Stecknadeln nicht passiert wäre.

Wie von weit her hörte sie Dorotheas Stimme: Wie lange wollt Ihr noch bleiben? Wir kommen ins Gerede ...

Ich gehe morgen früh.

Wollt Ihr nicht auf besseres Wetter warten?

Nein.

Soll es nur stöbern.

Das Tal zudecken.

Schnee dämpft, macht sanft, aber die Berge in ihrer Schroffheit schütteln den Schnee ab. Auf den Felspartien bleibt nichts kleben, der Schnee rutscht von den Spitzen, Hörnern, Bändern.

Im letzten Januar war sie mit Anna Maria und Heinrich über den Spielhof gegangen, die Linden hatten ihre gedrungenen Schatten über den Schnee geworfen. Dohlen flogen auf, über die Felsen strichen mit den ziehenden Wolken Schatten- und Lichtflecken.

Plötzlich ein Getöse. Die Luft vibrierte, als rauschten Vögel mit gewaltigen Schwingen über ihr.

Am Wiggis hatte sich eine Lawine gelöst, Massen von Schnee, die im Fall zu Staub versprühten, sich weiter unten, zwischen Felsen, einen Weg bahnten zum Talgrund.

Sie war wie angewurzelt stehengeblieben, die Hand auf die Brust gepreßt.

Schäm di, großes Anni! rief Anna Maria, als der Spuk vorbei war. Bist du aber blöd! Jeden Tag sehe ich Lawinen, wenn ich zur Schule gehe.

Blödes Anni! echote Heinrich.

Sie traten in einen der Kramläden, um Nähseide zu

kaufen, sollten sie zu Frau Tschudis Schneiderin bringen nach Ennetbühls. Als sie aus dem Laden kamen, lag Glarus im Schatten. Im Winter macht sich die Sonne nach ihrem Pflichtpensum nachmittags um drei hinter dem Glärnisch davon. Der Berg stülpt seinen Schatten über den Flecken, eine graue Glocke über Häuser, Straßen.

Wohin ist die Sonne gegangen? fragte Heinrich.

Auf die Rückseite der Welt, sagte sie. Wo nur die Träume hingelangen, dachte sie.

Um die Berge kommt im Glarnerland keiner herum, nicht einmal der Camerarius, der sonntags mit seiner Donnerstimme von der Kanzel verkündet:

»Ein Geschlecht vergeht, das andere kommt, die Berge aber bleiben ewiglich.« Prediger Salomo.

»Mit dem Glauben kann man Berge versetzen.«

Die Bergketten liefern den lückenlosen Beweis: Hier hat es noch keiner versucht.

Am Freitag, dem 29. Oktober, verließ Anna Glarus.

Ihre Ersparnis von sechzehn Dublonen hatte sie Rudolf Steinmüller in Verwahrung gegeben mit der Bitte, sie auf Verlangen nachzusenden.

3

Auf geheimnisvolle Art war Anna in Glarus geblieben. In den Läden, auf dem Markt, in den Wirtschaften hing ihr Name in der Luft. Auch für jene, die Anna kaum beachtet hatten, bekam sie immer mehr Farbe, Profil; einige erinnerten sich, wie freundlich und angenehm die Anna gewesen sei, und wandten sich, da sie schon lange auf eine Gelegenheit gewartet hatten, gegen die Tschudis. Andere sprachen von der Magd mit Abscheu.

Auch das Kind ließ sie nicht los.

Nur zum Schein war sie weg, so wie man in Kinderspielen auf den Flur hinausgeht auf eine Weltreise. Wenn das Kind am Boden bei seinen Puppen kauerte, umspielte es am Nacken ein kalter Luftzug; und in der Dämmerung war dort, wo Anna zu stehen pflegte, ein heller Umriß ausgespart.

Gerüchte wurden ausgestreut, daß sich das zweitälteste Tschudikind, seit die Magd fort sei, verändert habe, es fehle in der Schule, man sehe es kaum mehr auf der Gasse beim Spiel.

Eingeweihte erzählten hinter vorgehaltener Hand von merkwürdigen Anfällen.

Leider habe es damit seine Richtigkeit, sagte Frau Tschudi, als sie der Frau Landvogt Altmann und der Frau Lieutenant Becker Kaffee eingoß. Die Becker rückte näher.

Den ersten Anfall habe das Kind schon am Samstag gehabt, bevor die Magd aus dem Dienst getreten sei. Als man das Kind für die Schule wecken wollte, habe es ein heftiges Zittern bekommen, »unterschiedlich verlorene Reden« geführt, unter anderem: »Man solle ihm zu Hilfe kommen, es seien Männer da, die es erschlagen wollten, einer trage ein weißes ›Tschöpli‹ und renzle (necke) es.«

Die Besucherinnen tauschten Blicke. Also doch. Zur Vorsicht hatten sie für das geplagte Kind Tüten mit Sü-ßigkeiten mitgenommen.

Achtzehn Tage seien jetzt seit dem ersten Anfall vorbei, inzwischen sei das Kind immer wieder in ähnliche Zu-stände gekommen. Es sei fiebrig, erregt. Vier Tage lang habe es nur Flüssiges zu sich nehmen können.

Pauvre chérie ... Die Becker zog die Tüte mit Zucker-mandeln aus dem Ridicule.

Die Zuckermandeln wolle sie ihm erst am Abend ge-ben, meinte Frau Tschudi.

Diesen Morgen habe das Anna Migeli Zuckungen be-kommen, Gichtern. Gottseidank habe es sich gegen Mit-tag beruhigt, sein Lieblingsessen, von der neuen Magd gekocht, Butterreis und Zwetschgenmus, mit Appetit gegessen. Jetzt wolle sie es schlafen lassen.

Da ging die Tür zum Salon auf.

Wie eine Erscheinung stand das Kind auf der Schwelle. Es trug ein langes weißes Hemd, sein Haar war über der Stirn verschwitzt.

Frau Becker stellte die Kaffeetasse ab. Bleich wie ein Tödtlein, das seltsame Kind. Starr vor Staunen sah sie zu, wie es sich schnell dem Tisch näherte, nach der Tüte griff, zwei, drei Mandeln hastig in den Mund steckte.

Die Mutter schalt es. Schickte es zurück ins Bett.

Sie sei erschrocken, sagte die Landvögtin, habe beim Öffnen der Tür geglaubt, die Anna komme herein. Dieses Mensch verfolge sie. Wie man einem unschuldigen Kind nur so viel Leid antun könne? Bestimmt habe das Kind damals von den Guffen geschluckt, deshalb werde es so geplagt. Ob denn noch nie eine herausgekommen sei?

Frau Tschudi verneinte.

Sie goß noch einmal Kaffee ein, verstand es, das Gespräch auf Ersprießlicheres zu lenken. Der Blumer wolle Pannerherr werden. Ein Vermögen koste das Amt mit den Auflagen! Zudem erwarte man von dem künftigen Pannerherrn ein Gastmahl, wie man es in Glarus noch nicht gesehen habe. Zehn Gänge seien geplant: Rebhuhnpastete, Wildschweinschnitzel, Gemspfeffer . . .

Da gellte ein Schrei durchs Haus.

Die Frauen stürzten die Treppe hinauf, das Kind lag auf dem Rücken im Bett, die Augen weit offen, Zuckungen liefen über Gesicht und Körper.

Eine Guffen kommt . . . schrie es.

Es warf sich zur Seite, ein dünnes Rinnsal von Blut und Speichel rann über Unterlippe und Kinn. Mit den Fingern zog es zwischen den Zähnen eine Stecknadel heraus.

Frau Tschudi eilte auf den Flur, rief nach ihrem Mann.

Der Doktor sei ausgegangen, zu einer Geburt nach Ennetbühls, sagte die Magd. Da riß die Frau einen Fensterflügel auf, rief nach dem Schützenmeister Tschudi, der im Garten einen Kiesweg anlegte.

Er kam, betastete die gekrümmte Stecknadel. Auch die Frau Becker wollte sie in die Finger nehmen.

Das Kind atmete ruhiger, schien erleichtert.

Von diesem Tag an spuckte Anna Maria immer wieder Stecknadeln, auf einmal nie mehr als eine, aber des Tags zuweilen drei, vier oder sechs. Darunter waren schon angelaufene Stecknadeln, eine davon hatte die Größe einer Sicherheitsnadel, auch zwei kleine Eisendrähte waren dabei.

Die Augenzeugen schwiegen nicht, der Schützenmeister Tschudi machte sich im »Wilden Mann« und im »Goldenen Adler« mit seinen Kenntnissen wichtig. Alles redete über das »guffenspeiende« Kind. Obwohl diese Phänomene erst achtzehn Tage nach Weggang der Göldin aufgetreten waren, dachte jeder sofort an die Stecknadeln in der Milch.

Die Göldin, hieß es, habe das Kind »verderbt«.

Warum man den Vorfall nicht der Obrigkeit anzeige, damit die Göldin gefangen und zur Rechenschaft gezogen werde? Ob am Ende der Fünferrichter die ehemalige Magd, die ja nicht gerade häßlich gewesen sei, schonen wolle? Man wisse ja, daß der Tschudi am liebsten in dem Buch lese, das man mit dem Knie aufschlägt.

Schadenfreudige brachten diese Bemerkungen Frau Tschudi zu Ohren. Abends machte sie ihrem Mann Vorhaltungen. Die Magd sei ihm lieber als das Kind.

Das evangelische Ratsprotokoll enthält unter dem 26. November 1781 folgenden Eintrag:

»Da M. G. H. u. O. klagend angezeigt worden, daß die Anna Göldi, aus dem Sennwald gebürtig, gewes'te Dienstmagd bei Hrn. Dr. und Fünferrichter J. J. Tschudi zu Glarus seiner anderältsten Tochter zu zerschiedenen Malen Guffen in der Milch zu essen gegeben, also daß seit

*etlichen Tagen allbreit 11 Stück Guffen von diesem Kinde
gegangen seien, welche Göldi sich dermalen im Werdenbergischen aufhalte, – haben M.G.H.u.O. höchst nöthig
befunden, dieser verruchten Dirne unverzüglich nach-
schlagen zu lassen und desswegen erkannt: daß der Läufer unverzüglich mit einem Steckbrief sich nach Werdenberg, jedoch ohne Farb, verfügen, die Person bei seinen
Pflichten aufsuchen, selbe betretenden Falls gefangen
nehmen und auf das Rathaus bringen solle, wo dann das
Weitere zu verordnen sein wird.«*

Steinmüller hatte einmal zu Anna gesagt: Die raffinierte-
ste, durchtriebenste aller Tarnungen sei die Harmlosig-
keit.

Seine Gefährlichkeit zähmen, sie in langjähriger An-
strengung dressieren zu einer freundlich schnurrenden
Hauskatze, die höchstens ein Knistern von sich gibt, ein
paar Funken, wenn man ihr übers Fell streicht.

Das alte, etwas beschränkte Mannli spielen, das knob-
lauchessend und krummbeinig durch die Straßen geht.
Sich ausgeben als schnurrigen Bastler, Pröbler, Künstler.
Die meisten gingen auf eine solche Verstellung willig ein,
liebten nichts so sehr als klare, deutliche Bilder: Der ist
so, und die ist so, basta. Die Leute lebten ihre sechzig
oder siebzig Jahre banalen Dingen entlang: fressen, sau-
fen, schlafen, Kinder zeugen; in tiefere Zusammenhänge
wollten sie nicht schauen, lieber blind sein wie ans Licht
gescharrte Maulwürfe. Wer mehr wisse, mehr spüre, sei
verdächtig. Man fürchte, er verlasse seine gottgewollte
Stellung im Leben, rüttle an der festgefügten Ordnung
der Dinge. Dabei sei die Ordnung nicht festgefügt, sondern voller Abgründe, Fallen, Schlaglöcher.

Sein Leben lang hatte er sich Mühe gegeben, nicht auf-
zufallen, jetzt hatte ihn Anna zum Tagesgespräch gemacht. Seine Frau lag ihm mit Klagen in den Ohren, man
zeige mit Fingern auf sie, behaupte, er und die Göldin

steckten unter einer Decke. Geschwätz, knurrte Steinmüller.

Doch ihm war unheimlich. Er hatte seiner Frau ver-
schwiegen, daß ein Brief von Anna gekommen war mit der
Aufforderung, die sechzehn Dublonen nach Werdenberg
zu schicken. Offensichtlich war der Brief von der Obrigkeit abgefangen und gelesen worden. Jedenfalls hatte der
Weibel, der bei ihm ein Gitter für eines der hinteren Rat-
hausfenster bestellt hatte, wie beiläufig gefragt, wie er
dazu käme, Geld von der Göldin aufzubewahren. Und
später hatte ihn der Weibel beiseite genommen, ihn leise,
damit es die Gesellen nicht hörten, gewarnt: Paßt auf.
Mitgegangen, mitgefangen. Nicht, daß eins der Gitter am
Rathaus eines Tages Eure Luft sieben wird.

Steinmüller setzte sich am Abend hin, verfaßte in der
Werkstatt einen Brief, von dem er annahm, daß er wieder
aufgebrochen und gelesen werde:

Nebst freundtlichem grautz; Anna Göldin.

*Brichti sie, daß ich den lang erwartenden Brief erhal-
ten; daß ich Euch eilends brichten könne, daß Hr. Dr.
Tschudi's Kind ein ellend Kind war, und Ihm bis dato mit
Laxiren schon bis 40 Guffen von Ihme getrieben worden.
Ich habe die 16 Toplonen in die drite Hand geben, daß ich
keine Gefahr dabei haben: ich bin von den Herrn plaget
worden; dies Geld wäre Euch in Arrest genohmen worden. Hat mir viel Verdruß, Umtrieb und 2 fl. Kösten
verursachet, so ich lieber 2 Toplonen Schaden gehabt und
mich Euer nichts angenommen. Hier übersende Euch
durch den Bott die mir übergebenen 16 Toplonen, die fl. 2
hab ich bezalt. Auch brichte Sie, daß obiger Hr. Toktor
Euch aufsauchen laßt, ich warnen Euch als ein Ehren-
mann, nehmt Euch wohl in Acht, daß Ihr nicht in Unglück komen; betet Gott um Verzeihung Eurer Sünden;
thaut Bauss in der Zeit, so wird Euch Gott der Allerhöch-
ste erhören in der Noth.*

Glaris, 26. Winterm. 1781

Geld und Brief gelangten nicht an ihre Bestimmung. Durch einen seiner Vertrauensmänner erfuhr Doktor Tschudi von der Sendung. Er ließ dem Werdenberger Boten einen Reiter nachschicken, der den Boten in Walenstadt einholte, ihm Geld und Brief abnahm.

Woher er das Recht zu dieser privaten Konfiskation genommen hätte, wurde Doktor Tschudi später gefragt. Er habe ja Geld und Brief nicht behalten, habe beides der Obrigkeit abgeliefert, sagte er.

4

Über Werdenberg war der Winter hereingebrochen. Der kleine See lag grau wie eine Fischflosse, die Häuser unter dem Schloß rückten zusammen.

Katharina Göldin erschrak, als sie Anna im Schneetreiben vor der Haustür sah: zerzaust, durchnäßt, verfroren. Jedesmal, wenn Anna bei ihr so hereingeschneit war, hatte es nichts Gutes bedeutet.

Zieh dich um, ich gebe dir trockene Kleider, sagte sie.

Anna zog ihre nassen Sachen aus, hängte sie an den Ofen.

Katharina betrachtete sie von der Seite. Du bist dicker geworden; bist wieder schwanger?

Nein, nein, wehrte Anna ab. Ich habe nur zugenommen.

Das Dicksein soll ja Mode sein, lachte Katharina erleichtert. In Paris, heißt es, binden sich die Frauen Kissen an den Hintern, und an Brust und Hüften polstern sie die Kleider mit Roßhaar aus ...

Am nächsten Tag lag Anna mit Fieber im Bett.

Es war still im Haus. Katharina ging im Städtchen ihrer Hebammentätigkeit nach, ihr Mann war tot, die Kinder ausgeflogen.

Anna lag mit heißem Kopf, auf die Stirn hatte ihr Katharina eine Kräuterkompresse gelegt.

Vor dem Fenster schneite es.

In Gedanken ging Anna durch den Schnee, hügelauf, hügelab, durch die Linthebene, zurück ins Glarnerland. In Mollis war sie auf dem Weg, dem das Zwickihaus herrisch einen Rank diktiert, stehengeblieben. Schnee fiel ihr ins Gesicht. Dort, das Stubenfenster. Melchior war am liebsten beim Kachelofen gesessen, diesem bläulichen Gebirge mit den bemalten Füllkacheln.

Duftig hingepinselte Landschaften. Seen mit Vögeln, Wasserfälle, Schäferszenen.

Auf Annas Lieblingskachel war ein Paar.

Die Frau trug ein Faltengewand. Griechisch, hatte Melchior gesagt. Sie drehte ihm den Rücken zu, ging durch eine Landschaft mit gestutzten Büschen, Buchshecken, Kieswegen von ihm weg. Er trug eine Allonge-Perücke, Samtwams mit Goldtressen, Kniehosen, Schnallenschuhe. Geht so, drei Schritte hinter ihr her, eine Flöte in der Hand.

Anna hatte die beiden oft angeschaut. Schaute, wie sie ging. Schaute, wie er ging. Er ging, ohne sie einzuholen. Setz die Flöte an den Mund, hatte sie gedacht.

Aber er hatte es nie getan. Und sie ging, ging. Blickte nie zurück. Ging zwischen den gestutzten Bäumen, den Hecken. Geradeaus, wo in der Ferne die Hügel verfließen, das Land sich in Dunst auflöst . . .

Als Anna wieder gesund war, nahm Katharina sie als Gehilfin mit zu Geburten. Manchmal wurde Katharina auch zu Kranken gerufen, die ihr und ihren Kräutersalben mehr trauten als den Künsten des Arztes. Anna ging gerne mit, ließ sich von der Base unterrichten.

Eines Abends kam Katharina vom Besuch im Schloß zurück; die Landvögtin sei auf dem vereisten Weg gestürzt und klage über Schmerzen im Bein. Sie wolle massiert und mit Kräuterumschlägen kuriert werden.

Anna wollte nicht mitgehen.

Mit einer Glarner Landvögtin hatte sie lieber nichts zu tun.

Gut, daß du nicht mitgekommen bist, sagte Katharina. Der Landvogt ist ins Zimmer der Vögtin gekommen, hat mich gefragt, ob es wahr sei, daß ich die Magd des Fünferrichters und Arztes Tschudi in meinem Haus beherberge? In Glarus habe man sie wegen schändlicher Taten des Landes verwiesen. Was für das Glarnerland gelte, habe auch für das Untertanenland seine Gültigkeit: Anna Göldin müsse fort.

Fort. Schon wieder.

An keinem Ort Wurzeln schlagen. Nie sagen können: mein Bett, mein Tisch, mein Teller, meine Gabel.

Heiraten hättest du sollen, Anni.

Dann wüßtest, wo du hingehörst.

Hat dich keiner wollen, Anni? hatte Anna Maria einmal gefragt. Du bist doch schön – und lieb auch, und sie hatte ihr schnell den Arm gedrückt.

Urs. Jakob. Melchior.

Was reißen die Namen auf.

Urs, der Knecht auf dem Nachbarhof war, als sie beim Büchsenmacher in Sax diente.

Ein dunkler Haarschopf, treuherzige Augen unter der breiten Stirn.

Dreimal hatte er sie eingeladen zum Wein. Zweimal waren sie tanzen gegangen. Unschuldige Lustbarkeiten. Er hatte sie gestreichelt, ihr Honigworte gegeben: Schätzgen, Liebchen.

Doch eines Tages hatte er gesagt, er müsse sie meiden, habe sie viel zu gern, als daß er es mache wie die gottlosen Buben, die ein Mädchen ins Unglück stürzen.

Heiraten könnten sie nicht, das Knechtlöhnlein ernähre

ihn kaum selber. Wo hausen und hofen? Sie würden ein ausgemachtes Bettelvolk.

Ein bißchen Hoffnung wohl: er habe einen Onkel, der sei kinderlos, wenn er einmal sterbe, komme er zu Boden, vielleicht zu Hof.

Der Onkel tat ihm schon ein Jahr darauf den Gefallen. Fiel vom Kirschbaum.

Aber der Urs drückte sich, mied Anna weiterhin.

Ein paar Monate später hieß es, er heirate eine Witwe, die stand im Ruf, Haare auf den Zähnen zu haben und häßlich zu sein. Aber ihr Vater betrieb am Ort einen Garnhandel.

Warum? hatte Anna gefragt, als Urs sie nach dem Kirchgang ansprach.

Zugegeben, so anziehend wie Anna sei seine Braut nicht, aber schon sein Vater habe gesagt, beim Heiraten müsse man die Vernunft walten lassen.

Liebe ist ein Wort für Herren. Unsereiner hat sich ans Nützliche zu halten.

Nützlich? überlegte Anna. Der alte Lehrer Steinmüller ließ die Tiere, die Pflanzen in nützliche und unnütze einteilen.

Die Kuh ist nützlich.

Das Eichhörnchen unnütz.

Sind Schmetterlinge unnütz? hatte das Kind die Anna gefragt.

Die Petersilie, die ist doch nützlich?

Die Rosen sind unnütz.

Alle Blumen sind unnütz, nicht wahr, Anna? Man kann sie nicht als Gemüse kochen, nicht in die Suppe tun. Sie sind schön und nichts weiter.

Liebe, was heißt das schon, hatte Frau Zwicki gesagt. Zugegeben, die Anni ist eine rechte Person, hübsch und tüchtig und auffallend gescheit für ihren Stand. Aber sie ist und bleibt eine Magd.

So etwas können sich in diesen unsicheren Zeitläuften nicht einmal die Zwickis leisten.

Die Nützlichkeit vor den Sinnen, Melchior.

Ein Zwicki heiratet keine Magd.

Du meinst, das wird sich mit den neuen Zeiten ändern? Eines Tages werde der Hag niedergerissen zwischen Magd und Herr, Herrin und Knecht?

Schauderhaft, dieser Gedanke.

Alle Verkehrtheit – alle – Melchior, kommt vom Teufel.

Die neue Zeit, sie kommt, hatte Melchior zu Anna gesagt.

Sie weiß nicht, was sie davon halten soll.

Möchte in die Zukunft blicken können mit so einem Fernrohr, mit dem Melchior nachts nach den Sternen schaut.

In hundert, nein, zweihundert Jahren müßten wir leben, Anni.

Schwindelerregend: 1981, 1982.

Sie denkt sich aus, wie es dann sein wird. Der Mann auf der Füllkachel wird die Flöte an den Mund setzen. Die Frau dreht sich um, steht still.

Die Büsche recken sich, greifen aus, suchen ihre ursprüngliche Form. Die Bäume treten aus der Reihe. Das Gras schießt empor, Farren wächst.

Mann und Frau werden sich in die Arme fallen in unschuldiger Nacktheit.

Löwen kommen aus den Büschen, Hasen, Tauben.

Und die Vernunftwörter, die Nützlichkeitwörter, mit denen die Männer Spieße gegen die Liebe, gegen die Frauen drehen? Alte Formeln, vergessen, tot.

Am nächsten Morgen ging Anna von Werdenberg nach Sax zu ihrer Schwester Barbara.

Es wurde ihr eng im Hals, als sie von der Straße herauf das Bauerngütlein am Bach sah, das Scheunendach schief unter der Schneelast, die Holzschindeln über der Grundmauer vermoost; aus der Wasserrinne, wo im Sommer kräftige, fleischige Halme sproßten, Bachnelkenwurz, gelb leuchtende Trollblumen, stieg Fäulnis.

Drei Jahre lang war dieses Haus ihr Gefängnis gewesen, ohne Zäune, ohne Gitter.

Sie mußte sich inwendig halten oder innerhalb des lehmigen Bezirks zwischen Scheune und Haus.

Durch den Schnee watete sie auf das Anwesen zu. In den Fußstapfen mischten sich Schnee und Kot.

Barbara öffnete. Ihr Gesicht war spitz geworden, gelblich spannte sich die Haut über Nasen- und Wangenknochen, aber der Bauch, als hätte er Saft und Kraft aus dem Körper gezogen, wölbte sich unter der Schürze.

Ja, nochmal eins, sagte Barbara. Derweil machen die ältesten Kinder auch schon Kinder.

Der Schwager kam hinter dem Ofen hervor, mit gedunsenen Lidern, aus denen er den Schlaf rieb.

Barbara war stolz gewesen, als ihr der Bauernknecht damals um die Röcke strich, sie schwängerte, schließlich heiraten wollte.

Überlegen hatte sie am Hochzeitstag auf Anna geschaut: Eigentlich wäre es an dir gewesen, unter die Haube zu kommen. Was tust du nur, daß keiner anbeißt? Oder, hatte sie gekichert, was tust du nicht?

Anna hatte gelacht.

Sollte Barbara doch ihren dümmlichen, von Kindsblattern entstellten Knecht haben.

In der Stube, wo der Ofen stickige Wärme verbreitete, mußte sie erzählen, was sie mitten im Winter herführte. Mit dir hat man doch immer Scherereien, sagte Barbara. Bis übermorgen könne sie bleiben. Nicht länger. Vielleicht sei man schon hinter ihr her.

Am frühen Nachmittag des nächsten Tages sahen sie einen Unbekannten auf das Haus zukommen.

Kennst du den? fragte Barbara hinter dem Vorhang des Küchenfensters.

Anna verneinte, wurde bleich.

Geh an die Türe, derweil verstecke ich mich im Nebenzimmer, sagte sie.

Ob sie des Adrian Göldis Barbara sei? wollte der Mann
wissen.

Das sei sie wohl, was er begehre?

Er sei gekommen, um ihre Schwester Anna zu warnen.
Gutmeinende Leute hätten ihn geschickt.

Da trat Anna, die an der Wand gelauscht hatte, in die
Stube. Er heiße Jost Spälti, stellte sich der Mann vor,
komme aus Netstal, die ganze Nacht sei er unterwegs
gewesen, vom Glarnerland über den Kerenzerberg nach
Werdenberg, dort habe ihn die Katharina Göldin weiter-
gewiesen nach Sax. Er solle Anna warnen. Die Glarner
Obrigkeit habe ihren Läufer ausgeschickt nach Werdenberg, um sie zu fangen und nach Glarus ins Rathaus zu
bringen. Zum Glück sei der Läufer nicht der schnellste,
genehmige sich an jeder Wegkreuzung einen Schoppen,
so habe er ihn, obwohl er, Spälti, später aus dem Glarnerland gegangen sei, hinter sich gelassen.

Anna solle sich sofort fortmachen, er rate ihr auch ab,
bei Verwandten zu übernachten im Sennwald.

Was für gutmeinende Leute ihn denn geschickt hätten,
fragte Anna.

Der Melchior Zwicki, Arzt in Mollis.

5

In Glarus hatte sich der Zustand des »verderbten« Kindes
verschlimmert. Beinahe täglich spuckte es Stecknadeln,
zu den Convulsionen war eine Lähmung des linken Bei-
nes hinzugekommen. Und doch gab es Stunden, da es
völlig gesund schien, mit Geschenken spielte, die es von
Mitleidigen und Neugierigen bekommen hatte.

Das Merkwürdige war: Die Anfälle kamen nur tagsüber. Nachts schlief das Kind wie in gesunden Zeiten, acht Stunden, tief, ohne Unterbruch.

Die Magd, die vor Jahren schon einmal im Haus gedient hatte, ein schwerfälliges, älteres Frauenzimmer mit schleppendem Gang und aufgedunsenen Beinen, mußte auf Anordnung der Frau das Krankenbett täglich neu beziehen.

Die schönen Leintücher, hört Ihr, Hindschi? Die mit den belgischen Spitzen. Das Bett soll immer blütenweiß sein, verstanden?

Sind die Stühle bereit für die Besucher? Die Damen bleiben nachher zum Tee.

Hindschi nickt, schlurft aus dem Zimmer.

Anna Maria beugt sich über die fingerlangen Puppen, klaubt sie aus niedlichen Stühlen, hebt eine Decke in Form eines Eichenblatts, steckt die Puppen in die Betten, Schluß jetzt, sie schiebt die Puppenstube, ein Geschenk des Schützenmeisters, weg. Wirklich selbstgemacht, mignon, wie entzückend, hat die Mama ausgerufen und vor dem Schützenmeister die Hände zusammengeschlagen, als gehöre die Puppenstube ihr.

Dabei gehört alles dem Anna Migeli: die in Leder gebundenen Bücher mit den Kupfern, der Offizier aus Zinn, das Pferdchen mit dem Lacksattel, die Puppe mit dem Porzellankopf, die Tüten, Dosen, Süßigkeiten. Und heute wird sie neue Geschenke bekommen. Ihr Köpfchen sinkt zur Seite.

Mama eilt herbei, zieht das Kissen zurecht. Armes, bleiches Anna Migeli.

Wann darf ich wieder auf die Gasse hinaus zum Spielen, Mama?

Noch lange nicht, Ärmstes.

Die Türe geht auf. Kleider rascheln, streichen am Bett vorbei. Stühle werden gerückt.

Erwartungsvolle Stille, erfüllt von an- und abschwellendem Geflüster ohwieschrecklichwiegräßlichohwie . . .

Als sammelten sich langflüglige Insekten über der Bettdecke – ohdasarmeunschuldigeohwie –, reckten Saugrüssel, Stachel, richteten ihre Netzaugen gierig suchend nach unten.

Es atmet unregelmäßig, nicht wahr, Herr Doktor Tschudi? Die Stimme der Paravicini, man erkannte sie am wehleidigen, langgezogenen Klang.

Ob es wohl bald einen Anfall bekommt? Die Frau Sekkelmeister Zweifel. Sie konnte nicht viel Zeit verlieren, mußte dem Neugeborenen die Brust reichen. Aber das elende Kind hat sie doch sehen wollen. Wer mit eigenen Augen gesehen hat, wird später umringt, mit Fragen bestürmt.

Wie es stöhnt, das Ärmste. Mon dieu, diese Convulsionen. Das Kind muß Entsetzliches durchstehen. Wie es den Rücken bäumt, ein veritabler Arc de Cercle, der Kopf schaut rückwärts. Den verdrehten Augen nach ist es von Sinnen.

Gleich kommt eine Guffen, verheißt der Schützenmeister.

Ein Habitué. Keiner ist so viel im Krankenzimmer wie er. Rührend, wie er sich um das Kind kümmert, flüstert die Paravicini.

Die Becker zieht eine Grimasse, stößt vielsagend die Luft aus.

Da geht die Tür nochmals auf.

Die Frau Landvogt!

Welche Ehre!

Sie kommen gerade zur rechten Zeit.

Nein, es hat noch nicht gespuckt.

Bitte ganz vorne in den Lehnstuhl, Frau Landvogt, da sehen sie alles.

Die Paravicini reckt den Kopf, die Haube der Landvögtin versperrt ihr die Sicht. Eine dieser hohen Hauben, bei Buße verboten seit dem letzten Sittenmandat, Anreiz für die Reichsten, zur Schau zu stellen, daß sie die Luxussteuer zahlen können, hat man neulich in den in Zürich erscheinenden ›Monatlichen Nachrichten einicher Denkwürdigkeiten‹ gelesen.

Die Landvögtin beugt den Kopf vor, schaut durch die Klemmbrille. Das eine Bein soll kontract sein, stimmt es, Herr Fünferrichter?

Tschudi wischt sich den Schweiß von der Stirn, antwortet gequält: Eher bricht es, als daß man es gerade machen kann. Es ist in den paar Wochen drei Zoll kürzer geworden.

Das schreit das Kind gellend auf.

Die Zuschauer erheben sich, einige treten ans Bett.

Das Kind nimmt durch die blinzelnden Lider Augen wahr, Münder, die sich verziehen, verschwimmen, ein Gruselkabinett von Kuhaugen, gekrümmten Lippen, Zähnen, gewundenen Hälsen, Adersträngen.

Au! A...

Ruft es nach der Anna? Die Landvögtin hält die Hand hinter das Ohr.

Ja, es stöhnt ihren Namen. Deutlich ist es zu hören. Dann hallen Laute, unter denen dann und wann ein Brocken zu verstehen ist: Du Luder ... Was hast du getan.

Raunen. Entrüstung.

Anna! Schimpfwörter fliegen durch den Raum. Verwünschungen. Anna, das Mensch!

Einfangen. Umbringen. Nicht schonen.

6

Während Spälti nach Werdenberg zurückging, wo er nach vollbrachter Mission im »Weißen Kreuz« ausgiebig tafelte, machte sich Anna in umgekehrter Richtung auf nach Sennwald.

Nach Einbruch der Dämmerung erreichte sie das Haus

ihrer Schwester. Katharina erschrak, als Anna ohne Umschweife erklärte, sie sei auf der Flucht, brauche Geld. Sie habe Katharina damals, als das Hofdach geflickt werden mußte, auch etwas zugesteckt. Ungern erinnere sie daran.

Katharina begann zu schimpfen. Kaum sei Gras über eine Sache gewachsen, richte Anna neues Unheil an. Wo sie übernachten wolle? Draußen sei es bitterkalt, die Straßen vereist.

Zu irgend jemand im Dorf möge sie nicht gehen, sagte Anna.

Dann solle sie ins Pfarrhaus.

Anna zögerte. Ob immer noch Pfarrer Breitinger im Amt sei?

Katharina nickte. Aber seit deiner Geschichte ist viel Wasser den Rhein herunter.

Anna durchfroren, erschöpft.

Der schrille Ton der Glocke kommt ihr bekannt vor.

Das Dienstmädchen, das öffnet, steht pausbäckig in der Helligkeit der Tür, in einer Wolke von Stubenwärme und Essensgeruch.

Die Pfarrerin erkennt Anna nicht. Was, die Göldin? Ist doch nicht möglich!

Sie ruft nach dem Pfarrer. Der hebt im schwach erleuchteten Flur die Laterne an Annas Gesicht. Ja, stimmt. Über zwanzig Jahre sind es her, die Zeit! Die Zeit!

Ob sie über Nacht bleiben könne? fragt Anna.

Der Pfarrer fängt ihren gehetzten Blick auf. Ob etwas nicht stimme?

Der Glarner Läufer sei hinter ihr her. Eine dumme Sache, ja, aber nicht ihre Schuld.

Wieder nicht einmal Eure Schuld, das tönt wie gehabt. Der Pfarrer hebt die Schultern, als schütze er seinen vom Alter schmal gewordenen Vogelkopf; ängstlich wie damals, denkt Anna, geduckt, wie auf einen Schlag gefaßt, immer bereit, aus Furcht zu spuren. Er tauscht über den Flur Blicke mit seiner Frau. Die sagt: In Gottes Namen, so bleibt. Aber nur eine Nacht, Anna!

Das Wiedersehen mit der Mägdekammer bleibt Anna erspart. Für Vagabunden, herumstreunendes Gelichter ist im Keller des Pfarrhauses eine Kammer vorgesehen, mit Zugang durch eine Außentür hinter dem Haus, eine Verbindung zu den anderen Räumen des Hauses gibt es nicht. Schon mancher hat sich mit der Mildtätigkeit Mörder, Brandstifter ins Haus geschleppt. Dort, der Laubsack, Anna. Gerade warm ist es nicht hier, aber in der Früh macht Euch die Tildi Kaffee. Das junge Dienstmächen nickt. Es ist teils aus Neugierde, teils aus Interesse an Anna, der ehemaligen Magd, mitgekommen. Anna friert.

Dieser gruftähnliche Raum.

Zu ihrer Zeit standen hier Kartoffelsäcke, Essigfässer, Eingemachtes aus dem Pfarrgarten. An den rohen Wänden glänzen Eiszapfen. Sie löscht die Kerze, legt sich in den Kleidern hin, schließt die Augen. Sieht das junge, volle Gesicht des Dienstmädchens vor sich. Tildi, die Anna von damals.

Diese unerfahrene Person, die sich etwas eingebildet hat auf die Stelle beim Pfarrer.

Eine Stelle für eine erfahrene Dienstmagd, hatte ihre Schwester Barbara damals behauptet. Die bekommst du nicht.

Und ich bekomme sie, hatte Anna gesagt.

Als sie sich vorstellte im Pfarrhaus, traf es sich, daß gleichzeitig der Schloßknecht ankam mit Barben aus dem Bannbach. Der Landvogt habe keinen Appetit mehr auf Fische, gäbe sie günstig an die Pfarrherren ab. Ob sie sich aufs Fischkochen verstünde, fragte der Pfarrer.

Anna sagte, für den Pulvermeister habe sie oft Fisch

zubereitet, auch Wild, das der Herr an Zahlung genommen habe von den Jägern.

So solle sie bleiben, die Barben kochen.

Sie ließ die Fische in einem Sud ziehen, mit Weißwein und Lorbeerblatt, servierte sie mit brauner Butter und Petersilie.

Die Tafel im Eßzimmer war mit einem Damasttuch bedeckt und so lang, daß zwischen dem Pfarrer und seiner Frau mühelos noch sechs Kinder Platz gehabt hätten.

Der Pfarrer machte sich sogleich mit Heißhunger hinter die Barben. Die Frau hingegen nahm nur von den Kartoffeln, es grauste ihr vor Wassertieren, erklärte sie, diese widerlich glitschigen Leiber, Schuppen, Schwänze! Schon von der Beschreibung schien ihr übel zu werden, ihr kindliches Gesicht wurde wächsern, die porzellanblauen Augen erhielten einen wäßrigen, verschwommenen Ausdruck.

Es wird ihr schlecht sein, weil sie ein Kind erwartet, dachte Anna, sie haben ja noch keins.

In der Küche, die für Annas damalige Begriffe geräumig und gut eingerichtet war, ließ man sie schalten und walten. Die junge Frau verstand von der Haushaltung nichts, als Kind reicher Zürcher Eltern hatte sie immer Diensten gehabt. Der Pfarrer, ein Mann von dreißig Jahren, machte sich künstlich alt, nach der Morgenandacht puderte er Haar und Augenbrauen, drehte mit dem Brenneisen je eine fingerlange Locke über den Ohren.

Ein Grandseigneur, sagten die Leute. Aus der Gelehrtenfamilie Breitinger. Predigt am Sonntag über die Köpfe hinweg. Hält durch dick und dünn zum Vogt.

Sie schimpften über seine Pfrundgüter, über den Nutzzehnten, den Anteil an Allmend und Alp. Einen eigenen Weinberg hatte er sogar, den neideten sie ihm am meisten. Jede Haushaltung, die über ein eigenes Gespann verfügte, mußte ihm ein Fuder Holz liefern. Die übrigen Haushaltungen zahlten ans Feuerholz zwei Batzen.

Vormittags blieb er, mit einem samtenen Schlafrock bekleidet, in seinem Schreibcabinet, trug Tauf- und Sterbebücher nach, las die Berichte seiner Kollegen über die Pfründen in der Herrschaft. Joh. Martin Wyss, Pfarrer zu Sax, hatte zu Handen der Obrigkeit einen solchen Bericht abgefaßt:

»*Vernünftig ist es, wenn man sich den Leüthen nicht leicht anvertraut, und so wenig Verkehr mit ihnen hat, als nur immer seyn kann.*

Sie sehen es nicht gerne, wenn der Landvogt und die Pfarrer gut miteinander stehen, da sie förchten, es wachse ihnen darvon großer Nachtheil zu: Obgleich der Reichtum bey den Meisten, ja bey Keinem groß, sondern sie sich meistens nähren von dem, was einem jeden auf seinem Boden wachste an Früchten, Obs, besonders von der Milch, so sind sie doch zum Stolz und Hochmuth ziemlich geneigt; von Höflichkeit und äußern Sitten machen sie nicht Profession, sondern werden von Jugend auf grob gewohnt und auferzogen ...«

Nachmittags hielt sich Pfarrer Breitinger bei gutem Wetter im Freien auf, am liebsten in seinem Weinberghäuschen, das er, wie es an den Rebhängen des Zürichsees Mode war, zu einem Lusthäuschen hatte umbauen lassen. Die neckische Wetterfahne, die sich stets nach dem Wind drehte, konnte vom Dorf aus gesehen werden; Jahrzehnte später, 1798, jagten aufständische Bauern, mit Mistgabeln und Sensen bewehrt, den Pfarrer samt Vogt aus dem Land und zerstörten das verhaßte Häuschen.

Ganze Nachmittage verbrachte der Pfarrer am Fenster des Lusthäuschens, las, studierte. Die ländliche Ruhe und die reizvolle Umgebung versöhnten ihn mit dem Umstand, daß er abseits von Zürich in der Provinz saß. Sein Oheim, Professor am Carolinum für Hebräisch und Griechisch, sandte ihm Bücher, die ersten Oden von Klopstock zum Beispiel, dessen Bekanntschaft er vor ein paar Jahren im Bodmerschen Haus gemacht hatte.

Trotz der interessanten Novitäten zog er die Griechen vor. Die Verse Homers. Blickte er auf, sah er zwischen dem Reblaub die Arme der Magd auftauchen, helle Flekken, sattgrüne im Wechsel, wenn sie sich reckte, mit sichelförmigem Messer Trauben schnitt, ihrem ganz der einfachen Tätigkeit hingegebenen Gesichtsausdruck war anzusehen, daß sie nichts merkte von seiner Aufmerksamkeit.

Anna arbeitete gerne im Weinberg.

Kaum zu glauben, daß der steinige, abschüssige Sennwalder-Boden diese üppigen Trauben hervorbrachte, prall, voll warmem Saft, lagen sie in ihrer Hand.

Einmal wurde sie bei ihrer Arbeit im Weinberg von einem jungen Burschen überrascht. Sie hatte ihn an der Kirchweih kennengelernt, im Adler hatte er ihr einen Halben bezahlt und mit ihr getanzt. Er hieß Jakob Roduner, war bei einem Tischlermeister in der Lehre.

Hast du mich aber erschreckt, sagte sie.

Er schlang seine Arme um sie. Sie lachte, streckte ihm eine Traube hin, er biß in die Beeren, sagte, den Saft in den Mundwinkeln: Die schmecken nach Sauerampfer. Die Frümsener sind besser.

Sie tat entrüstet, verteidigte den pfarrherrlichen Weinberg, er küßte ihr die Schmähworte weg, tändelte mit ihrem Brusttuch.

Abends fragte der Pfarrer seine Frau, ob denn die Anna Bekanntschaft habe.

Davon wisse sie nichts.

Dem Pfarrer mißfiel die Art, wie sie das hinwarf, dieses Uninteressierte und Verschlafene an ihr, als sitze sie nicht wirklich neben ihm am Tisch, habe einen Schleier vor den Augen.

Sie spürte seinen Blick, schaute zum Fenster hinaus.

Als Anna die Platten abgetragen hatte, stieß die Frau mit ungewohnter Heftigkeit hervor: Ich möchte ein Kind. Hier langweile ich mich zu Tode.

Er wußte nicht, was er darauf sagen sollte, lächelte sein schmallippiges Lächeln, bei dem man nach innen gestellte Zähne sah, aber die vertraute Geste beruhigte sie nicht. Schon kam Anna wieder herein, brachte, von Weinlaub umkränzt, die ersten Trauben.

Sie habe die auf der Westseite genommen, die seien zuerst reif, zeigten den gewissen Stich ins Gelbliche.

Der Pfarrer lobte sie für ihren Sachverstand.

Die Schüssel in der Hand, blieb sie einen Augenblick zu lange stehen, mit glänzenden Augen, die Wangen gerötet vom Aufenthalt in der frischen Luft.

So neben Anna sah die junge Ehefrau blaß aus, schmal, kindlich; es war, als nehme ihr Anna die Luft weg.

Wie sollte sie empfangen, neues Leben gebären, wo kaum genug Substanz für sie selber dazusein schien?

Der Arzt hatte die üblichen Mittel verschrieben: das Gelbe vom Ei mit Malvasier, Sekt mit Schnecken, eine komplette Aderlässe, eine Badekur in Schinznach.

Anna ahnte kaum etwas vom Seelenzustand der Frau.

Nach langen Jahren des Dienens war sie gewohnt, daß ihre Herrinnen nicht immer bei Laune waren. Zudem sah es aus, als fange jetzt ihre eigene Geschichte an, was kümmerten sie da die fremden.

Mit Jakob machte sie heimlich Spaziergänge. Nach Einbruch der Dämmerung. Tagsüber im Wald. Ihre Beziehung dürfe nicht ans Licht kommen, sagte Jakob, wegen dem Meister. Der halte es nämlich wie die Zunftmeister in den Städten und im Schwäbischen: Ein Geselle darf sich nicht um eine Frau kümmern, wenn er heiraten muß, wird er zum Weibergesell. Nur ein Unverheirateter kann Meister werden. Tischler will der Jakob werden, später zu den Ebenisten gehen nach Paris, die machen Konsolen und Schreibtische, mit seltenen Hölzern eingelegt.

Der Pfarrer habe einen solchen Sekretär, mit einer Platte zum Herunterklappen, Geheimfächern, Schubladen, hellen Blumen in dunklem, dunklen Blumen in hellem Holz. Da müsse einer aber feine Hände haben für diese Arbeit, meinte Anna.

Ich hab' doch feine, oder? sagte Jakob, streichelte ihr Gesicht, den Hals, den Brustansatz über dem Mieder.

Der Wald tat sich auf mit Schattenhallen, Mondscheinplätzen. Gegen einen Baumstamm gepreßt, küßte er sie.

Sie müßte es ihm verwehren. Doch wozu.

Sie ist über zwanzig, der Jakob gefällt ihr.

Wenn nur nichts passiert?

Ich pass' schon auf.

Und wenn es doch geschieht?

Dann werden wir halt ein Paar.

». . . Anna Göldi, gebürtig aus der Herrschaft Sax, ohngefehr 40 Jahre alt, wohl gewachsen, ziemlich gebildet, dabey buhlerisch und verschlagen, nahm in jüngeren Jahren bey dem Pfarrherrn ihres Geburtsortes Dienste, und hatte als ein wollüstiges, dabey im Liebeshandwerk noch unerfahrenes Mädchen das Unglück. . .« (H. L. Lehmann)

Der Wald, jetzt bei Tag und in den hellen Nächten ihr Revier, mit seinen Polstern aus vorjährigem Laub, den moosigen Vertiefungen, den Tümpeln aus Waldmeister, die grünen Laubvorhänge, in Bewegung gehalten vom Wind, von Schmeichel- und Streichelhänden geherzt, geküßt, während der Blick hinaufklettert an den Stämmen der Bäume zu dem faserigen Blau.

Ende Oktober fiel der erste Schnee. Zu früh.

Die Schneedecke voller Wellen, Buckel, erbärmlich dünn, zerrissen von Brombeerranken.

Anna war schwanger.

Noch wußte es Jakob nicht.

Spannen und Größerwerden der Brüste, das Flattern im Magen beim Aufstehen, das Ausbleiben des Regelbluts. Und Jakob wußte nichts davon.

Sie fröstelte trotz der Pelerine aus Wollstoff.

Jakob schnaubte ihr warmen Atem in die Ohren, drückte mit den Lippen ihren Mund warm.

Zwischen zwei Küssen sagte sie:

Jakob, du?

Ja?

Darauf wurde es still. Schneewasser tropfte von den Ästen.

Ohne Worte wußte Jakob. Ein Schatten hatte ihn gestreift, sein Herzschlag setzte für einen Moment aus.

Ich bekomm' ein Kind, Jakob.

Er brachte kein Wort heraus. Seine Arme glitten von Annas Hüften.

Jakob Roduner. Dreiundzwanzig Jahre alt, Weibergesell.

Es hat dich in die Falle gelockt, Roduner, das Weiberfleisch.

Hänge deine Zukunft in den Kamin. Jakob, dreiundzwanzig Jahre, unters Ehejoch gespannt mit Anna, der Magd. Bald kann er mit Pfuscharbeit, mit Schwarzarbeit, drei Mäuler stopfen. Fleischeslust...

»Ich fand das Weib bitterer als der Tod; sie ist eine Schlinge des Jägers, ein Netz ist ihr Herz, Fesseln sind ihre Hände« (Prediger 7).

Der Körper der Frau, ein Stück Natur, Wildwuchs mit seinen schwellenden Formen, der Üppigkeit, den sich windenden, den Mann umschlingenden Gliedern, den versteckten Höhlen, verdeckten Fallen; mancher verirre sich in dieser Topographie wie ein Wanderer in der Wildnis.

Schon oft habe ein Frauenleib mit seinen Verlockungen einen Mann um sein Teuerstes, nämlich um seinen Verstand, gebracht, sagte der Camerarius in einer seiner Predigten, ein Mann halte sich, wenn er ans Copulieren denke, besser an ein häusliches, nüchternes, wenig kokettes Wesen, auch Lavater, der ein Weiser und von Gott Erleuchteter sei, habe gewußt ein Wesen ohne große Reize geehelicht.

Schnöde Fleischeslust, Sinnentaumel verraucht, die Vernunft aber bleibt.

Er hebt die Hand, die Spitzenmanschette fällt zurück, die Gemeinde stimmt das Bußlied aus dem Zürcher Gesangbuch an:

Meines fleisches lustbegier
Macht mir manche schmerzen
Fleisch und geist
zieht und reißt
Mich auf beyden seithen
O! da gilt es streiten.
Brich des fleisches tücke
die verstrickten stricke.
Tränck mich mit deiner liebe
und creutz'ge mein begier
Samt allem bösen triebe,
Auf daß ich für und für,
Der sündenwelt absterbe,
Und nach dem fleisch verderbe . . .

7

Beim Tee fragte die Lieutenant Becker die Magd, ob sie denn im Bett der Göldin schlafe.

Ei bewahre, sagte das Hindschi. Lieber mache sie sich noch nachts um elf auf den Heimweg, als daß sie im Bett dieser Hexe schlafe. Sie sei nur einmal kurz auf der Schwelle gestanden, habe, sie wolle es ehrlich gestehen, mit Hühnerhaut auf dem Rücken in die Kammer geblickt.

Daß oben alles so ordentlich ausgesehen hatte, verschwieg sie.

Ist denn das Mensch noch nicht eingefangen? fragte die

Frau Oberst Paravicini und schlug ihre Wimpernfächer zum Doktor auf.

Tschudi biß sich auf die Unterlippe. Ganz Glarus – die Oberstin gewiß inbegriffen – wußte, daß der Läufer unverrichteter Dinge zurückgekehrt war, nichts mitgebracht hatte als die Nachricht von der geglückten Mission des Jost Spälti. Zu allem Überfluß waren die beiden Läufer abends im Weißen Kreuz zu Werdenberg zusammengetroffen, hatten bei einer Bouteille Beerliwein Brüderschaft getrunken, sich über ihre Auftraggeber mokiert. Der Spälti streute dann im ganzen Glarnerland das Gerücht aus, die Katharina Göldi habe ihm im Vertrauen angedeutet, die Anna sei ihr auffallend dick vorgekommen. . . .

Mit den Frauen im Krankenzimmer und am Teetisch wurde Tschudi fertig, schlimmer waren die Neunmalklugen von Glarus, Cosmus Heer, der Landammann, der Privatlehrer Steinmüller. Erst am Vorabend, als er im Adler seinen Halben Veltliner hatte trinken wollen, hatte Cosmus Heer über den Tisch gerufen: In Eurem Haus passieren Dinge wie im Mittelalter, Fünferrichter. Wißt Ihr, daß Stecknadelspeien eines der Merkmale der Besessenheit war?

Dieser spöttische, aufgeklärte Unterton. Das kam von den Büchern aus Frankreich, die sie neuerdings jeden zweiten Freitag in der »Lesecommun« besprachen. Der Camerarius hatte sich schon beklagt, die ihm obliegende Zensur der Leselisten würde von den Herren desavouiert.

Am 9. Dezember bat Tschudi den Rat um »ernstliches Einschreiten«. Die Sache müsse vorangetrieben werden, zumal das Gerücht umlaufe, die Göldin sei von ihm schwanger. Er habe seine Ehre zu wahren.

Die Ratsherren hörten zu, die einen hilflos, die anderen mit schlecht verhohlener Schadenfreude. Nach einer umständlichen Debatte wurde beschlossen, den Fall »auf das allerschärfste zu untersuchen«. Zwei Männer sollten mit

Steckbriefen ausgeschickt werden, um die Göldin aufzu-
spüren und zu fangen.

Das »verderbte« Kind sollte vom berühmtesten Arzt
des Landes Glarus, von Doktor Marti, untersucht werden. Doktor Zwicki und die Hebamme Göldin in Werdenberg sollten nebst andern Personen verhört werden.

Die Verhöre, die sich von Mitte Dezember bis Anfang
Februar hinzogen, brachten wenig Neues.

Doktor Zwicki entschuldigte seine Warnung an Anna
mit fadenscheinigen Gründen. Er habe die Magd einzig
seiner Frau Mama zuliebe gewarnt, der das Schicksal der
ehemaligen Magd zu Herzen gegangen sei.

Katharina Göldin von Werdenberg gab zu Protokoll:
Die Anna habe sich vor ihr umgezogen, und sie glaube,
aus verschiedenen Symptomen »nach ihrer Wissenschaft
als Hebamme« schließen zu dürfen, daß Anna schwanger
sei, »einmal sei sie jedes Mal, wenn sie so dreingesehen,
schwanger gsin«.

8

Damals, als Anna schwanger geworden war von Jakob,
nahm sie den Weg von Sennwald nach Werdenberg unter
die Füße. Sie wußte weder aus noch ein, erhoffte sich von
Katharina Rat, vielleicht auch Tat.

Nach dem Abend im Wald hatte sich Jakob nicht mehr
blicken lassen. Ein paar Tage später klopfte ein Mann an
das Küchenfenster des Pfarrhauses, fragte, als sie den
Kopf hinausstreckte, ob sie die Anna sei?

Er sei des Roduners Meister.

Falls Jakob bei ihr oben in der Mägdekammer liege, so
sage sie es am besten frank heraus.

Er sei nicht da, sie schwöre es.

Seit Montag sei er nicht mehr zur Arbeit erschienen.
Der Meister blickte an Anna vorbei.

Auch Anna sagte nichts. Schluckte nur.

Eine Leere war plötzlich da, eine salzige Trockenheit. Zwei Tage später erfuhr sie von Jakobs Bruder, Jakob habe Handgeld genommen, sei Soldat in holländischen Diensten.

Treppauf, treppab, die Hände rühren sich emsig, Anna hier- und dorthin, nach dem Kopf fragt niemand. Der denkt immer nur das eine: Jakob ist fort.

Und in ihr dieses Gewächs, das den Leib anschwellen läßt, wer sagt denn, daß es ein Kind ist, es könnte ein Knäuel von Träumen sein, ein Schwamm, der sich vollsaugt mit geschluckten Tränen.

Auf dem Weg nach Werdenberg die unbestimmte Erwartung, Katharina werde feststellen, da sei kein Kind, oder wenn, so werde sie es verlieren, bei solchem Kummer, das hat sie bei der Mutter erlebt, gedeiht keins.

Während Anna von Jakob erzählte, hörte Katharina zu mit ihrem Jüngsten auf dem Schoß, am Ofen trockneten Windeln. Anna mußte sich aufs Bett legen, die Base tastete ihren Leib ab.

Im fünften oder sechsten. Lange kannst du es nicht mehr verbergen. Sag es der Pfarrerin, bevor sie es merkt.

Wird es denn wirklich...?

Natürlich, was sonst.

»Es« sagen. Der Pfarrerin. Dem Pfarrer.

Sie fährt mit dem Eisen, das mit glühenden Kohlen gefüllt ist, über ein seidenes Spitzentaschentuch.

Keine Ahnung, wie man so etwas sagt.

Sie fährt über das Jabot des Herrn Pfarrer.

Für ihresgleichen, da hätte sie schon Wörter gefunden, die zielten ins Schwarze, waren unzimperlich und derb, beschrieben ohne Umschweife, was da gegeben hatte zwischen Jakob und ihr.

Aber für Leute von Stand passen diese Ausdrücke nicht. Die verfügen über Wörter, die man in Büchern abdrucken kann, die umschreiben, artig antönen, was man meint, doppelbödig schillern.

Beischlaf. Zeugen. Geschlechtsverkehr.

Da hängt kein Hauch von Fleischlichem mehr dran.

Ja, zu diesem Zeitpunkt dachte sie noch allen Ernstes, den feinen Leuten sei Fleischliches fremd. Nur die Bauern spürten das Böckische, Tierische, die dunklen Gelüste. Das Plätteisen fährt über das pfarrherrliche Beinkleid, die Spitze kriecht in die Volants, drückt Geklöppeltes.

Annas Augen suchen das Fenster.

Sie ist froh, daß Kirche und Pfarrhaus, abgerückt vom Dorf, auf einem Hügel liegen. In der Ebene der Rhein. Wasser, das dahintreibt wie die Zeit, fort und fort, bis es sich, wie sie gehört hat, in Holland ins Meer ergießt. Den Fluß aufhalten vermag keiner. Auch die Stunden, Tage, Wochen halten nicht an, rinnen dahin.

Und immer noch hat sie die richtigen Wörter nicht gefunden.

Sie haben uns die Wörter genommen, Steinmüller.

Uns bleibt die Stummheit, das Schweigen, sich ducken.

Annas Rock beginnt sich zu bauschen.

Das spitz auslaufende Mieder steht vor wie ein Schild, das Jakobs Kind schützt.

Sie will es nicht schützen, hofft, daß es abgeht, von ihrem Kummer abgeschnürt und weggeschwemmt. Auch dem kleinen Bruder in Mutters Bauch ist es so ergangen nach Vaters Tod. Kummerkind, Jammerkind, besser, wenn es gleich ein Engel wird. Von ehelichen und unehelichen Engeln hat sie noch nie gehört, nicht einmal Pfarrer Breitinger redet in der Kirche von solch himmlischen Unterschieden, obwohl er jede Gelegenheit erfaßt, vor den Folgen des außerehelichen Beischlafs zu warnen.

In der Kirche bittet Anna Gott um Einsehen. Ihre Augen nehmen Zuflucht zum Engel auf der Wappenscheibe am Fenster; ein kräftiger, männlicher Engel ist es, mit dunklem Feuer im Auge und sinnlicher Unterlippe. Es ärgert sie zwar, daß der Glasmaler ihn das Wappen derer von Sax halten läßt, ihn einspannt wie einen Irdischen in den Dienst der Gnädigen Herrn.

Und immer hat sie die Wörter noch nicht gefunden, obwohl es längst Adventszeit ist; der Mesmer zündet mit einer langen Stange, an die er einen brennenden Docht befestigt hat, die Kerzen an, vergoldete Nüsse schwingen an Seidenbändern im Luftzug. Die Pfarrerin merkt nichts.

Anna soll hinübergehen, die Kirche herrichten für die Weihnachtsfeier. Den Mesmer plage die Gicht, ihm sei die Putzarbeit nicht zuzumuten.

Anna murrt.

Dauernd versteht sich der Mesmer zu drücken. Nach Feierabend geht er bolzgerade in die Wirtschaft, wo das Brennz ausgeschenkt wird.

Dann trollt sie sich doch mit Besen und Eimer.

Die Magd ist nicht mehr, was sie war, jammerte die Frau Pfarrer. Neue Besen kehren gut, alte werden lahm! Und zum Pfarrer sagt sie abends: Die Anna hat es zu gut, die Kost schlägt ihr an, schau doch, wie rund sie geworden ist. Rührt sich ungern vom Fleck, stiert vor sich hin. Dreimal muß man sie heißen.

Anna kniet auf den Holzdielen des Kirchenbodens, die Wurzelbürste fährt in kräftigen Strichen aus. Manchmal hält sie inne, richtet den Oberkörper auf, tastet mit der Hand nach dem schmerzenden Kreuz.

Mit einemmal wird ihr schwarz.

Die Bürste fällt in den Eimer zurück, das Seifenwasser schwappt. Sie kann sich gerade noch hinüberschleppen zu einem der Chorstühle mit Lehnen und Wappen.

Durchatmen. Den Kopf in die Handflächen gestützt, hört sie im Kirchengestühl den Wurm ticken. Vor den Kirchenfenstern schneit es, als löse sich der Himmel in Fetzen auf.

Sie muß »es« sagen.

Lieber dem Pfarrer. Er ist in stetiger Freundlichkeit ihr zugetan.

Den ganzen Vormittag sitzt er am Schreibtisch in seinem Cabinet. Sie will schon anklopfen, da reißt unten auf dem Vorplatz jemand kräftig am Drahtzug der Glocke. Im Spion, dem schräggestellten Spiegel neben dem Fenster, steht der Reitknecht aus dem Schloß, der endlich die Competenzen bringt. Seit Martini hat der Pfarrer auf die 150 Gulden gewartet, man lebt schließlich nicht allein vom geistlichen Trost, schätzt einen Kalbsbraten, eine Bouteille Zürichseewein. Während der Pfarrer hinuntergeht und das Begleitschreiben unterzeichnet, die Quittung für den Landvogt Ulrich, betrachtet Anna das in Leder gefaßte, schwere Buch auf dem Schreibtisch. Das Taufregister der Gemeinde. Arabische Jahreszahlen.

Pfarrer Breitingers Schönschrift in dunkler Tusche. Säuberlich sind die Namen der Täuflinge eingetragen, die der Eltern, der Paten.

Wenn alles seinen Lauf nimmt, denkt Anna, und der Gedanke schnürt ihr den Hals zu, steht in absehbarer Zeit der Name von Jakobs Kind dort, mit dem Beisatz: unehelich gezeugt von ... Man wird nicht aus ihr herausbringen, wer der Vater ist, Jakobs Meister wird es verraten oder sein Geselle.

Ihr und Jakobs Kind.

Ein Schandfleck im ehrwürdigen Taufbuch der Gemeinde Sennwald, auf dem als Motto, von zierlicher Hand hingesetzt, steht: Alle Dinge geschähind ehrbarlich, und nach der Ordnung. (I. Corinth. 14. V.)

Wenn sie's recht bedachte, war es dieser Satz, der ihr den Mut genommen hatte, mit dem Pfarrer zu sprechen.

Die Zeit trieb vorwärts.

Anna gab die Suche nach dem rechten Wort auf.

Hoffte, irgend etwas würde schon noch geschehen.

Im Chor der Kirche stellte sie mit der Pfarrerin die

Holzkrippe auf, wickelte das Jesuskind aus dem Papier, blies den Staub von der Stupsnase aus Wachs, den Vergißmeinnichtaugen. Die Frau rückte die heilige Familie an die Krippe, Anna die Statisten aus dem Tierreich: Ochse, Esel, Schaf.

»Ein Kind ist uns geboren, ein Sohn ist uns geschenkt.« Der Pfarrer las auf der Kanzel die Weihnachtstexte mit ernstem Gesicht. Die Pfarrerin saß vorne im Chorgestühl, hielt die Hände über dem Schoß verschränkt.

Nach Epiphanie wanderten die Heilige Familie, die Drei Könige, das Flitterzeug samt den vergoldeten Nüssen in Holzspäne gebettet in den Sakristeischrank zurück.

Die Pfarrerin atmete auf.

Nach Lichtmeß wurden die Tage heller.

Die Pfarrerin wollte schon im Hornung mit dem Hausputz beginnen, sonst käme man, in einem so großen Haus wie diesem, bis an Ostern nicht durch.

Anna, die Fenster putzen soll, rückt einen Stuhl heran, stemmt sich, die Lehne fassend, mühsam hinauf, steht da in ihrer Leibesfülle. Die Pfarrerin, die daneben Silbermesser in einen mit Samt ausgeschlagenen Kasten einordnet, muß spätestens jetzt ein Verdacht gestreift haben. Sie sagt nichts. Hat sie den Verdacht verscheucht, der guten Kost schuld gegeben, der Kleidung, die damals mit den nach hinten gerafften Röcken, den Sprungfalten unterm Mieder zeltartigen Unterschlupf bot für Fülliges?

Anna weiß nicht, wie sie die Ahnungslosigkeit der Frau deuten soll. Es ist ihr schon seit dem Morgen flau. So ein Ziehen im Bauch. In Abständen krampft sich etwas zusammen. Aber es ist doch erst Februar. Vor sechs Wochen kann es nicht soweit sein. Die Dörrbohnen zum Abendessen sind ihr wohl nicht bekommen.

Wieder dieses Ziehen. Sie wankt auf dem Stuhl.

Ist etwas, Anna?

Tief unten, eine verschwimmende Scheibe, das Gesicht der Frau. Mißtrauen schwingt in ihrer Stimme.

Bauchweh. Es geht schon.

Anna fährt mit dem Handrücken über die Lippen. Dreht sich dem Fenster zu, haucht am Glas Fliegendreck weg. Wieder diese Krämpfe. Diesmal packt es sie stärker. Beinah wäre sie vom Stuhl gefallen.

Sie steigt stöhnend herunter. Setzt sich für eine Weile hin.

Die Pfarrersfrau beschleicht ein unheimliches Gefühl. Die Magd ist weiß im Gesicht, Schweißperlen auf der Haut. Sie überschlägt flink, was der Doktor für eine Visite heischen mag, unverschämt soll er sein; ihre Eltern haben in Zürich für das Gesinde den Bader gerufen, aber diesen Mäusefänger will sie nicht im Haus.

Ach wo. Die Anna hat sich überessen. Vor ein paar Tagen hat sie bemerkt, daß die Magd sich nicht an die Reste hält, immer vorher etwas abzweigt.

So geh auf die Kammer!

Die Verachtung in ihrer Stimme. Als ob Anna jeden zweiten Tag oben in der Kammer läge, anstatt ihre Pflicht zu tun.

Das Abendessen sei pünktlich zu richten, sagt die Frau noch, der Herr komme von Zürich zurück, schätze nach der Reise ein Stück vom Schweinigen, Rotkraut mit Kastanien.

Anna nickt. Schleppt sich die Treppe hinauf.

Ausgestreckt auf dem Strohsack, ausgeliefert den Schmerzwellen. Zuerst lassen Pausen zwischen den Krämpfen sie noch nach Atem schnappen, dann verringert sich der Abstand. Schneller. Stärker, reißender, zerrender. In Todesangst bäumt sich Anna auf, verkrallt die Finger im Laubsack, kalter Schweiß bricht aus den Poren.

Die nächste Kontraktion wirft sie aufs Bett zurück.

Eine Flaute, sie kann Atem holen.

Aber schon erreicht sie eine neue Welle, schmerzhafter und doch der Drang zu pressen. Sie läßt es geschehen, preßt mit, stößt das Kind aus sich heraus, ein glitschiges, mit weißlichem Talg überzogenes Wesen, ein Bub, ein

Winzling, kleiner als alle, die sie in Wiegen je gesehen hat, zerknittert wie ein Lagerapfel. Sie beißt die Nabelschnur durch.

Von Katharina hat sie gehört, wie das die Frauen auf entlegenen Alpen machen, wo kein Arzt, keine Hebamme hinkommt.

Vom Bett aus öffnet sie die Truhe, greift das erstbeste, was ihr in die Hand kommt, heraus, ein altes Hemd, sie reißt es entzwei, umwickelt mit den Fetzen das Kind. So frisch in die Welt gestoßen, in die Kälte der Mägdekammer, ballt es die Fäuste, schreit, sie legt das Kind an ihren Körper, zieht die Decke hoch, fällt in Erschöpfungsschlaf.

Am Abend, als der Herr mit der Postkutsche eintrifft, brennt in der Küche kein Licht. Der Herr verlangt sein Essen, die Frau ruft nach Anna. Schließlich, als kein Rufen fruchten will, steigt sie die Treppe empor.

Unter der Tür stehend, erkennt sie im Lichtschein der Lampe das unordentliche, blutbeschmierte Bett, die Magd schläft mit wirrem Haar, offenem Mund.

Auch der Pfarrer eilt herbei mit einem rußigen Licht.

Im Halbschlaf gesteht Anna, daß sie geboren hat.

Das Kind?

Da, unter der Decke.

Das Körperchen muß gerutscht sein, sie schlägt die schwere Decke zurück, der Schein der Lampe fällt auf sein Gesicht.

Das Kind ist tot.

9

Die debattierfreudigen Mitglieder der »Lesecommun« trafen sich im Goldenen Adler.

Er schlage vor, Geßner zu lesen, sagte Hans-Peter Zwicki, Sohn des Pannerherrn und Student der Juris Prudentia in Göttingen. Geßner, ein exquisiter Lyriker, passe mit seinen Naturschilderungen ins Glarnerland, nicht umsonst seien belesene Glarner, darunter auch Frauen, in schwärmerischer Aufwallung zu dem Poeten nach Zürich gepilgert.

Er, als älterer Jahrgang, würde weniger Idyllisches preferieren, sagte Landammann Tschudi. Obwohl man in diesem illustren Circle sich schon ›Emile‹ und ›Lettres de la montagne‹ zu Gemüte geführt, schlage er nochmals ein Werk seines Lieblingsautors Jean-Jacques Rousseau vor, er kenne keine wertvollere Confrontation mit den Ideen der Toleranz und Aufklärung. . .

Vor diesem modischen Scribenten wolle er entschieden warnen, ereiferte sich der Camerarius. Diese Pretention, alles als natürlich zu erklären, eine Manie, die vor dem Heiligsten, den Wundern Jesu, nicht haltmache. Von da sei es nur ein kleiner Schritt, die Existenz Gottes zu leugnen wie dieser Voltaire . . .

Voltaire sei nicht gottfeindlich, nur antiklerikal, warf Cosmus Heer trocken ein.

Die Nasenflügel des Camerarius bebten. Sagte dann, mit Mühe seine innere Balance haltend, der Gelehrte Bodmer in Zürich sehe Rousseau für einen gefährlichen, gottlosen Mann an.

Auf den Lippen des Pannerherrn Zwicki erschien ein maliziöses Lächeln. Der Pannerherr, ein Franzosenfreund. Der Camerarius verachtete seine Bonmots, seine galante Skepsis.

Manchen Leuten im Glarnerland würde es wohl convenieren, zuerst das Natürliche zu suchen, sagte Cosmus Heer. Etwas vom Esprit der Enzyklopädisten würde da nicht schaden. Noch immer, das sei im Göldin-Handel zu sehen, werde der Teufel an den Hörnern herbeigezerrt, wenn man mit natürlichen Erklärungen nicht weiterkomme. Auf der letzten Tagung der Helvetischen Gesellschaft habe ihm ein Pfarrer von drei scheinepileptischen Fällen erzählt, er wolle sie für den Teutschen Merkur, den Wieland in Weimar herausgebe, zusammenfassen. Der erste Fall betreffe des Schornsteinfegers Jakob Schnebelins Tochter in Affoltern am Albis, die im Alter von Anna Maria Tschudi von gichterischen Zuckungen und Paroxysmen befallen worden sei. Die Eltern hätten die Anfälle dem Bösen zugeschrieben. Ins Hospital von Zürich geschickt, ließ sich das Kind von zwei Chirurgischen Gesellen bewegen, seine Anfälle gegen Geld vorzuzeigen. Darauf habe man es mit der Rute gezüchtigt und heimgeschickt, seither sei es gesund geblieben. Im gleichen Dorf habe man noch einen ähnlichen Fall mit einer jungen Dienstmagd gehabt, in Wölflingen mit einem Knaben.

Ob denn bei Anna Maria Tschudi jemand gründlich Bett und Kleider visitiert habe? wollte der Privatlehrer und Apotheker Steinmüller wissen.

Der Camerarius war indigniert.

Er halte wohl den Arzt und Fünferrichter Tschudi für einen Dummkopf? Unfähig, eine wirkliche Lähmung und Contractur des Fußes, wirkliche Convulsionen und gichterische Krämpfe von selbstgemachten Verdrehungen und Simulationen zu unterscheiden? Freilich wittere er – seine Zornader schwoll an –, wo bei den Herren der Hase im Pfeffer liege. Einige seien nicht umsonst über ihre Frauen mit den Zwickis in Mollis verwandt. Ob sie das Gesetz vergessen hätten, daß Anverwandte bei Prozessen aus dem Rat ausscheiden müßten? Jedenfalls wüßten die Tschudis ihm Gültigkeit zu verleihen...

Ich bin auch ein Tschudi, sagte der Landammann ruhig. Aber ich beliebe wie viele Vorfahren dieses ehrenwerten Geschlechts meine freie Meinung zu haben. Und die differiert von der Ihrigen, Camerarius ...

Darauf erhob sich der Camerarius und ging. Durch die Türe des Adlers wehte Schneeluft.

Und es ist doch wahr, sagte Dorothea zu Steinmüller. Meine Base ist dort gewesen. Das Kind spuckt Häkchen, Stecknadeln und anderes spitziges Zeug. Sie hat selber den vitriolfarbenen Schleim des Kindes in einem Töpfchen aufgefangen, eine Stecknadel auf ihre Härte, Schärfe untersucht ...

Auf Betreiben des Fünferrichters faßt der Rat einen Beschluß: Ratsmitglieder haben in Ausstand zu treten, die mit Doktor Zwicki in Mollis verwandt sind. Damit scheiden die tüchtigsten Gegner aus: der alt Landammann und Jurist Doktor Cosmus Heer und der amtierende Landammann Tschudi.

Ein Skandal, diese Dezimierung des Rates, sagte der Privatlehrer und Apotheker Steinmüller. Der Evangelische Rat ist ein Bauernrat geworden, die Tatsache, daß man dem eloquenten Major Bartholome Marti den Vorsitz eingeräumt hat, macht es nicht wett. Ein Trost immerhin, daß man den Doktor Marti hochobrigkeitlich beordert hat, das kranke Kind zu untersuchen. Doktor Marti, das sage er mit Veneration, sei gewiß der fortschrittlichste Arzt im Lande Glarus. Habe er doch für die Wohlfahrt des Volkes Unschätzbares getan durch die Einführung der Inokulation gegen die Blattern; als erster benutze er das Serum von Kuhpocken anstatt das von pockenerkrankten Menschen ... Ja, ein illuminierter, vorurteilsloser Kopf. Seine Lieblingsschriftsteller? Voltaire, Bayle, Rousseau ...

10

Nach der Nacht in der Landstreicherkammer des Pfarrhauses in Sennwald wollte sich Anna bei Tagesanbruch durch die Hintertür auf den Weg machen.

Aber der Schlaf war erst gegen den Morgen gekommen,

eine bleierne Decke, unter der sie schwer atmend auf dem Laubsack ausgestreckt lag. Rufe weckten sie auf.

Es sei fünf Uhr. In der Küche stehe Kaffee bereit.

Während Anna trank, schaute ihr das neue Dienstmädchen des Pfarrers vom anderen Tischende aus schweigend zu.

Gefällt dir dein Dienst, fragte Anna zwischen zwei Schlucken. Das Mädchen nickte. Der Schein der Kerze warf einen Schimmer auf die Rundungen der Wangen, das volle Kinn. Anna gab es einen Stich, mit welcher Verspieltheit um die Mundwinkel sie bekannte:

Allzu lange werde ich nicht bleiben. Mein Schatz redet vom Heiraten.

Anna durfte keine Zeit vertrödeln, mußte schauen, daß sie weiterkam. Tildi sollte der Pfarrerin, dem Pfarrer Grüße bestellen. Da rief der Pfarrer aus dem Schreibcabinet nach Anna. Er trug den Schlafrock, der mit ihm gealtert schien, speckiges, verblaßtes Olive, ausgebeulte Taschen. Er wollte ihr etwas auf den Weg geben. Er griff in die Schatulle, reichte ihr ein Goldstück.

Anna, sagte er, ich bete für Euch. Das Unglück scheint Euch zu verfolgen. Die Schuld geht, wenn man sich einmal mit ihr eingelassen hat, wie ein Hund neben dem Menschen her.

Ich bin unschuldig.

Sie zog die Brauen zusammen, blickte finster.

Der Pfarrer schaute sie nachdenklich an, schwieg.

Wißt Ihr, sagte er nach einer Pause, daß ich damals für Eure Unschuld eingetreten bin? Im Ehegericht, dem der Landvogt vorsitzt und das sich aus den Pfarrern, den ältesten Richtern der fünf Gemeinden und aus dem Landammann zusammensetzt?

Ja, ja, sie wußte. Erinnerte sich.

Hatte noch Sätze der langatmigen Gerichtsverhandlungen im Ohr.

».. und hatte als ein wollüstiges, dabey im Liebeshand-

werk noch unerfahrenes Mädchen das Unglück schwan-
ger zu werden. Sie wußte ihre Schwangerschaft so geheim
zu halten, daß niemand das geringste bemerkte. Endlich
kam die Zeit, daß sie gebähren sollte. Sie begab sich auf
ihr Kämmerlein, ward zufälliger Weise vermißt, gesucht
und schon entbunden gefunden. Die Unordnungen auf
ihrem Bett ließen muthmaßen — — und man fand unter
dem Laubsack ein todtes Kind. Dieser Vorfall ward dem
regierenden Herrn Landvogt pflichtgemäß angezeigt,
und es waren starke Anzeichen eines vorsätzlichen Mor-
des da ...« (H. L. Lehmann)

Die Wollust der Mägde, der Frauen im allgemeinen,
hatte der Pfarrer von Salez gesagt und der Klage einen aus
der Tiefe kommenden Seufzer nachgeschickt. (Von der
Wollust Jakob Roduners war nicht die Rede, der war
weit vom Schuß, führte in Holland Krieg.) Sein pfarr-
herrlicher Nachbar aus Sax pflichtete ihm bei. Das sei
eine Epidemie, überall stoße man auf Berichte über
Kindsmörderinnen. In Süddeutschland, im Waadtland,
im fürstäbtlichen Gebiet gebären Mägde in Kammern,
Scheunen, auf dem Abort. Bringen ihre Kinder um und
behaupten schamlos, sie seien tot geboren.

Da müsse es doch medicinische Indizien geben, sagte
der Landvogt und wandte sich an den Arzt von Salez.

Das gäbe es wohl, sagte der Doktor. In Göttingen, wo
er studiert habe, befasse sich der Schweizer Gelehrte Al-
brecht von Haller in seinen Vorlesungen mit dem Thema
des Kindsmords.

Da gäbe es Frauen, die mit dem Daumen die Fontanelle
eindrückten. Öffne man alsdann die Hirnschale, so fän-
den sich Zeichen von Entzündungen und Quetschungen
an der harten Hirnhaut, in den Hirnhöhlen Blutergießen.

Eine andere Methode sei der Nadelstich. Er sei schwer
zu entdecken, die winzige Wunde oft durch die Haupt-
haare verdeckt.

Bei der Sektion des Kopfes finde der Arzt aber eine

blutige Spur, die in der harten Hirnhaut anfange, in das Hirn hinabreiche . . .

Mir wird schlecht, sagte Anna, die in der Anklagebank stand.

Der Arzt beachtete sie nicht, fuhr weiter:

Dann die gewaltsamen Verrenkungen des Halswirbelknochens. In diesem Fall finde sich bei der Untersuchung äußerlich eine Sugillation am Halse.

Jetzt zu den Arten des Erstickens, drängte der Pfarrherr von Salez.

Da sei es schwierig . . . Haller trete, trotz der Gegenbeweise von Heister und Alberti, für die Lungenprobe ein, belehrt durch die Tatsache, daß die Lunge schwimme, wenn ein Geschöpf geatmet, untersinke, wenn dies nicht geschehen.

Mir wird übel. Anna hielt sich an der Bank fest.

Setzt Euch, sagte der Arzt.

Aber der Vogt ließ Anna nicht sitzen, stellte sie zur Rede. So stand sie wieder auf in ihrem wallenden Kleid, das man ihr in der Untersuchungshaft gegeben hatte, an der Brust Nässeflecken von der Milch, die holte man täglich für das Neugeborene der Lehrersfrau. Sie habe es nicht umbringen wollen, habe das Kind in Lumpen gewickelt, daß es in der kalten Kammer nicht friere, es neben sich unter die Decke gelegt. . .

Das Neugeborene der Anna Göldin könne ja gar nicht mehr untersucht werden, stellte der Pfarrer von Salez fest, soviel er wisse, habe man es schon in der Grube der Ungetauften verscharrt. Dabei richtete er einen vorwurfsvollen Blick auf seinen Amtsbruder Breitinger.

Pfarrer Breitinger erhob sich. Er sähe keinen Anlaß, an Annas Worten zu zweifeln. Er rühmte ihren tadellosen Dienst, ihren vortrefflichen Charakter.

Auch Haller habe am Schluß seiner Vorlesungen zur Menschlichkeit aufgerufen, unterstützte ihn der Arzt. Er habe dies getan mit den Worten: »Wenn sich die Priester der Gerechtigkeit die Köpfe zerbrechen, eine Übertretung der Gesetze zu bestrafen, so sollten sie billig auch darüber nachdenken, ob nicht die Gesetzgebung selbst Anlässe zu Verbrechen enthalten.«

»... und es waren starke Anzeichen eines vorsetzlichen Mordes da: allein vielleicht fehlte es auch hier an Einsicht die Sache gehörig zu untersuchen, vielleicht war der Richter zu weichherzig, ein Todesurtheil zu unterchreiben, vielleicht war es bey ihm ein Grundsatz keine Kindsmörderinn hinzurichten, kurz, sie ward vom Scharfrichter sanft mit Ruthen gestrichen, und 6 Jahre lang in das Haus der Eltern gebannet...« (H. L. Lehmann)

Es war damals nicht einfach, den Landvogt umzustimmen, sagte der Pfarrer Breitinger und blickte Anna an, die reisefertig neben ihm stand.

Dann wäre ihr erspart geblieben, wieder zu fliehen, murmelte Anna und blickte auf das Taufbuch. Der Pfarrer stellte fest, daß die Lieblichkeit von früher aus ihrem Gesicht gewichen war, das Kinn war entschlossener, das Haar wirr, der Blick unstet.

Erstes Visum & Repertum vom 13/24 Dec. 1781
Gegenwärtig befindet sich das Kind sehr elend auf seinem Lager und meistens ohne Verstand. Alle Muskeln des ganzen Leibes sind erstarret und gleichsam wie eiserne Federn, so daß weder der Hals, noch die Ärme und Füße können gebogen oder gelenkt werden: insonderheit ist das linke Füßlein verkürzt, so daß das Kind weder in noch außer den Paroxismen oder Anfällen des Delirii und häufigen Zukungen, weder gehen noch stehen kann. Sind die Anfälle vorbey, so klagt es sich des Schmerzens in der ganzen linken Seite und das gleich von Anfang der Krankheit her. (Doctor Joh. Marti, Glarus)

Medicinisches Gutachten über dieß erste Visum & Repertum.

Nachdem Endesunterschriebener laut hochobrigkeitlichen Auftrage dem Vis. & Rep. bey dem Töchterlein des Herrn D. und R. Tschudi beygewohnet, und nun über die Ursachen, Natur und Beschaffenheit dieser seltenen und traurigen Geschichte, ein in der Arzneywissenschaft und Erfahrung gegründetes Gutachten darüber geben soll, so scheint die Hauptfrage zu seyn: ob dieser Casus blos natürlichen Ursachen, oder aber einer sogenannten zauberischen Kraft zuzuschreiben sey? Ohne mich hier bey den ungleichen Meinungen der Gelehrten zu verweilen, und ohne mich von Aberglauben oder Unglauben leiten zu lassen, finde ich, daß die Zufälle dieses bedaurungswürdigen Kindes sich, da das Corpus delicti, das heißt, die Stecknadeln, welche vom Kinde gegangen sind, und denen, welche das Mensch dem Kinde in die Suppe gethan zu haben eingestanden hat, ehe sie aus des Herrn Doctors Haus gegangen, gleich seyn sollen, da ist, nach physischen Grundsätzen a) richtig erklären, wann man solche in 2 Klassen abtheilet, nämlich I) in diejenigen, welche das Gemüth leidet, als da sind, die öfteren gänzlichen Verwirrungen der Vernunft und die fürchterlichen Vorstellungen einer zerrütteten Einbildungskraft, als ob es die Magd immer vor Augen sähe, und von ihr bedrohet würde, und dann 2) in diejenigen, welche den Leib betreffen, als da sind die Gichterischen Zuckungen, krampfartige Erstarrung aller Glieder, heftige Schmerzen im Leibe und Schleim und Blutspeien, welches allemal dem Guffenauswerfen vorhergehet. Stechen im Halse und dergleichen. Die erste Art der Zufälle leite ich von der Furcht und dem Schrecken her, worinn das gute Kind hat müssen versetzt werden, als es selbst die mörderischen Anschläge und Absichten seiner Aufwärterinn entdeckte, und der sich natürlicher Weise durch das darüber geäußerte Entsetzen der zärtlichen Eltern und anderer Personen und die Ausbrüche des gerechtesten Abscheus in Angesicht des

Kindes, dem zarten Herzen des Kindes um so viel tiefer hat eindrücken müssen.

Die 2te Art dieser Zufälle ist einzig und allein den Stecknadeln als spitzigen, stark reizenden Körpern zuzuschreiben, wann solche in denen nervichten Häutchen des Magens und der Eingeweide einen Reiz verursachen, der vermöge der Verbindung der Nerven unter einander und in allen Gliedern und selbst auch im Gehirn krampfhafte Bewegungen verbreitet. Ob ich nun gleich diese meine Meinung mit dem Ansehen vieler Schriftsteller unterstützen könnte, so berufe ich mich einzig und allein auf das sich in jedermanns Händen befindliche Buch des berühmten Doctors Tissots:

Anleitungen für das Landvolk, wo sowohl von den Folgen der Furcht, als von denen im Magen stecken gebliebenen Körpern ganz ähnliche Beispiele zu lesen sind, und unter anderem auch eines von einer Tochter, welche eine große Anzahl Stecknadeln verschluckt hatte. Was aber die Art und Weise betrifft, wie diese Stecknadeln in so großer Anzahl dem Kinde haben beygebracht werden können, da das Kind bey jedem Bissen zitterte, und keinen Löffel voll zu sich nehmen wollte, ohne vorher auf einem Teller alles genau untersucht zu haben, das ist in der That schwer zu begreifen, und wird niemand besser als das Ungeheuer von Magd selbst entdecken können. (Glarus den 13. Dec. 1781. Doctor Joh. Marti)

Nur eine Nacht, Anna, hatte die Pfarrerin gesagt. Wenn es auch nicht unsere Herrschaft ist, die Euch verfolgt, so könnte es uns, wenn es der Landvogt innewird, doch schaden...

Alle Herrschaften, so sehr sie im einzelnen auch zerstritten sind, halten, wenn es um unbotmäßige Untertanen geht, zusammen, ein Netz, das sich über das ganze Land spannt, flattere Vogel, sonst entkommst du nicht, hängst schon in den Maschen, die Schlinge zieht sich zu.

Anna hielt sich an die Landstraße, die sich durch Siedlungen, kleine Wälder der Rheinrinne entlang dahinzog. Die Höhen und Pässe lagen voll Schnee.

Da Steinmüllers Sendung in Werdenberg nicht eingetroffen war, hatte sie nur das Goldstück des Pfarrers in der Tasche, schlimmer noch, sie konnte sich nicht zusammenreimen, weshalb man den Läufer hinter ihr herschickte, sie hetzte wie ein Tier wegen der paar Stecknadeln in der Milch? Wohl hatte Jost Spälti vage angedeutet, des Doktor Tschudis Kind sei seit ihrem Weggang von Glarus krank; aber was hatte dies mit ihr oder mit den Stecknadeln zu tun?

Vom Bodensee stieg sie über Rohrschach nach St. Gallen hinauf, wo in den Straßen elegante Gefährte vorbeifuhren, Menschen sich nach ihr umdrehten, alles Tschudis, Zwickis, die sie mit ihren Blicken abschätzten, sie wie eine Vogelscheuche betrachteten mit ihrem roten Gesicht, dem wirren Haar...

Besser, sich ins Abseits schlagen, ins wellige Hinterland. Im Schneetreiben verließ sie in westlicher Richtung die Stadt; verschneite Hügel mit Gehöften, Bäumen, immer neue Wellen, die sie vor Blicken abschirmten, eine Landschaft zum Verstecken.

Auf den Rat eines Bauern hin ging sie vom appenzellischen Herisau weiter ins Toggenburg, in Degerschen oder Degersheim suche ein Wirt eine Magd, er heiße Jakob Züblin.

»Ehe Eure Füße straucheln an um-
nachteten Bergen«

Jer. 13, 16

»...Das arme Kind lag da – ohne Verstand, entkräftet ringend mit Noth und Tod und seinem schrecklichen Gefolge, und preßte jedem Zuschauer Thränen des Mitleids ab. Urtheilen Sie, liebster Freund, von den Empfindungen der Eltern, die ihr zärtlich geliebtes Kind mit dem bitteren Tod kämpfen sahen, unvermögend ihm zu helfen, voll banger Erwartung, wie, und wann dieses herzzerreißende Trauerspiel ein Ende nehmen werde. Die beste Mutter von den traurigsten Empfindungen zu Boden gedrückt, die Augen verhüllt mit den Schleiern der Wehmuth, Todesblässe auf dem Antlitz, die Seele versenkt in die Fülle einer bangen Verzweiflung, wollte weinen und konnte nicht, taumelnd sank sie in die Arme des Gatten und suchte Trost bey dem, der selbst untröstlich war...«
(H. L. Lehmann)

Ich bin schwanger, sagte sie.

Wieder, sagte Tschudi und schaute zerknirscht an ihr vorbei.

Sie schob wütend die Vorhänge des Matrimonialbetts zurück, gewährte den Ahnen, die goldumrahmt, unberührt von Diesseitigem an der Wand hingen, Einblick, lieferte sich ihren Blicken in Bonnet und Rüschenhemd aus.

Während er sich ankleidete, sagte sie:

Ich bleibe heute morgen im Bett.

Er nickte.

Die Hindschi hörte schlecht, er mußte zu ihr in die Küche gehen, sie laut heißen, der Frau Kaffee zu bringen. Ungeduldig drehte er der Magd den Rücken, blickte zum Küchenfenster hinaus. Der Schnee war geschmolzen, Kieswege und Bäume lagen bloß. Der Schützenmeister hatte noch kurz vor Wintereinbruch den Garten nach den Wünschen der Frau umgestaltet: Wege, die aussahen, als

hätte man sie mit Zucker bestreut. Die Eiben zu Kegel-
formen, die Thuyabäume zu Pyramiden gestutzt.

Ein Zwerg-Versailles im Schatten der Mauer.

Mit der Zähigkeit einer Wühlmaus hatte sich der Verwandte durch den Garten gearbeitet, schließlich war er
eingedrungen ins Haus. Täglich, im Flur oder im Krankenzimmer, begegnete Tschudi dem Schützenmeister. Er
haßte den Anblick der abstehenden Ohren, der unter-
würfigen Augen, der niederen Stirn, die gefurcht zur
Schau trug, daß der Schützenmeister dahinter Sorgen,
Gedanken wälzte, ein Kümmerer für andere, deren Last
er auf stämmigen Schultern trug.

Häufiger saß keiner am Krankenbett. Nein, kein Stuhl,
die Bettkante sei ihm lieber, er bastle mit dem Kind ein
Spielzeug. Er redete ganze Nachmittage auf es ein, suchte
sein Vertrauen.

Als Tschudi einmal sachte antönte, ob der Schützenmeister denn nicht den Schützenstand vernachlässige,
reagierte sein Frau mit der Empfindlichkeit der Schwan-
geren. Anstatt jaloux, sollte er dankbar sein!

Der Schützenmeister opfere sich für das Kind auf, sei
immer, wenn es seine Anfälle bekomme, zur Stelle. Er als
Arzt müsse sich ja schon des Geldverdienens wegen um
fremdes Leid kümmern, seine Visiten machen. Da sei,
wenn es dem Kind schlechtgehe, wenigstens ein Mann im
Haus. Zudem habe der Schützenmeister die besseren
Nerven!

Da hatte die Frau recht.

Obwohl von Berufes wegen an Leid gewohnt, brachten
ihn die Anfälle des Kindes zur Verzweiflung. Der ge-
heimnisvollen Krankheit war nicht beizukommen mit
den Mitteln, die ihm zu Gebot standen: Vomitive, Laxati-
ve, Klistiere. Er ging die Literatur nach ähnlichen Fällen
durch, las in Tissots ›Anleitungen an das Landvolk‹. Der
Neuenburger Arzt schrieb im Kapitel über steckengeblie-
bene Körper:

»Eine Stecknadel von mittlerer Größe gienge nach dreyen Tagen mit dem Harn weg; und man hat durch den gleichen Weg einen kleinen Knochen, Kernen von Kirschen und Pflaumen, auch selbst von Pfirsingen von sich gegeben.«

»Eine verschluckte Nadel kam nach vier Jahren, an dem Schenkel herfür, eine andere an der Schulter.«

»Ein Mann verschluckte eine Nadel, diese durchbohrte den Magen, durchdrang die Leber, und veranlaßte eine tödtliche Auszehrung.«

»Eine Tochter verschluckte einige Stecknadeln, diese verursachten derselbigen, 6 Jahre lang, die empfindlichsten Schmerzen: endlich, gabe sie solche, nach dieser Zeit, von sich, und wurde geheilt. Drey Nadeln veranlaßten, ein Jahr lang, Coliken, Ohnmachten und Gichten: endlich giengen sie mit dem Stuhlgang weg, und die Kranke genase...«

Keiner der Fälle schien Tschudi vergleichbar mit dem, was sich in seinem Haus zutrug.

Der Camerarius, auch er ein Habitué.

Täglich betrat er um die vierte Nachmittagsstunde das Krankenzimmer, verharrte auf seinem Stuhl im Hintergrund, setzte mit zierlicher Hand Bemerkungen über die rätselhafte Krankheit in sein Diarium.

»...den 18. Nov. muß es 3 Guffen zum Mund ausbrechen. Von diesem Tag an bis den 14ten Dec. kommen alle Tage 1, 2, 10, 13 am höchsten 17 Stück zum Vorschein, bis die Zahl derselben auf 106 gestiegen. In diesen letzten 14 Tagen hat es täglich nur eine und präcis in der gleichen Stunde morgens zwischen 8 und 9 Uhr, bey nächtlicher Zeit aber niemals keine ausgeworfen. Zwo derselben waren extra groß, die übrigen von der größeren, mittleren und kleineren Gattung, krumme und gerade, weiß, gäle und schwarze. Im Gefolge der letzteren befanden sich auch 3 gäle Heftli von Mesch (Messing). Den 15ten und 16ten Dec.

brach das Kind 3 Stück krumm gebogenen Eisendrath
von sich. Den 17ten Dec. folgt ein Eisennagel mit einem
breiten Kopf, dessen Spitz abgebrochen. Den 19ten Dec.
ein Stück Eisendrath, der durch ein rundes Ziegelstückli
geht. Den 21ten Dec. wieder ein ganzer Eisennagel mit
einem breiten runden Kopf, in den folgenden Tagen macht
eine Menge von gälem Samen in der Form wie Rübensa-
men den Beschluß. Alle diese Ausleerungen erfolgten un-
ter den peinlichsten Schmerzen, allerheftigsten Convul-
sionen und Erschütterungen, das einte mal vermengt mit
vielem Blut, allemal aber ein Begleit vieles Schleims von
gallichter auch Vitriolfarb und einem höchst widrigen
und starken Geruch... Diesen schauervollen Auftritt ha-
be bald alle Tage selbst angesehen, um die innigst betrüb-
ten Eltern zu trösten und das hart geplagte unschuldige
Kind der Barmherzigkeit Gottes zu empfehlen...«

Der Camerarius überflog das Geschriebene, kniff die
Augen zusammen, um besser zu sehen, starrte ins Leere.

In der Dämmerung sahen die Seiten des Heftes aus wie
vergilbt. Als seine Augen zurückkehrten, begannen die
Buchstaben aus ihren Linien auszubrechen, zu tanzen. Er
klappte das Diarium zu, saß unbeweglich im Braun der
Dämmerung, angeekelt von dieser Krankheit, die das
Odium des Bösen trug.

Mit welcher Dreistigkeit hatte sie sich in eine Tschudi-
familie eingeschlichen!

Impertinenz dieser Magd, die sich Zugang verschafft
hatte zum Hause der Schwestertochter, indem sie dem
Mann schöne Augen gemacht hatte, halbe Versprechungen, man kennt das. Mit dem Stecken hatte er ihr die Türe
gewiesen, wie Beelzebub war sie mit schlimmeren Dämo-
nen zurückgekehrt, »da ist's dann um diesen Menschen
zuletzt schlimmer bestellt als zuerst« (Matt. 12, 45). Niemand wird das Geheimnis der Krankheit besser lüften
können, »als das Ungeheuer von Magd«, hatte Doktor
Marti festgestellt.

Und der Camerarius wünschte, sehnte die Anna herbei, die er aus dem Land gejagt hatte.

2

Anna wischt Gläser aus, hält sie prüfend ans Licht, die Schneehügel vor den Fenstern gleißen.

Die ruhigen Vormittage sind ihr am liebsten, wenn die Gaststube leer ist, nur die Uhr tickt in ihrem sargähnlichen Gehäuse. Durch die niedrigen Fenster fällt das Licht auf die Wirtshaustische.

Gegen Abend füllt sich die Stube mit Stickern, Webern, Kleinbauern. Zänkische Stimmen, die schnell in Erregung geraten, wenn über den Garnmarkt in St. Gallen geredet wird, die Preise des Löthligarns.

Marie!

Anna hört nicht, poliert an ihren Gläsern, denkt vor sich hin.

Marie!

Sie zuckt zusammen.

Träumt Ihr, Marie?

Der heiseren Stimme aus der Gaststube folgt ein Hustenstoß. Da sitzt er wieder, der hagere Mensch, der sich immer, als fröstle er, neben dem Ofen niederläßt. Manchmal kommt er vormittags auf ein Glas Roten vorbei, während sich seine Schüler in der Schulstube über die Schiefertafeln beugen. Der Staub, Marie. Der setzt sich in die Lungen, Ihr glaubt nicht, was Buchstaben für Staub aufwirbeln ... Er hüstelt, bestellt ein Glas Balgacher, will den Ärger, die Langeweile herunterspülen. Ob sie sich nicht ein bißchen zu ihm an den Tisch setzen wolle?

Manchmal, in der flauen Zeit, tut sie ihm den Gefallen, schließlich braucht sie auch etwas Muße, ein Gasthof bürdet einer Magd mehr auf als ein Herrschaftshaus, was die Leute für Dreck einschleppen, pausenlos könnte man mit dem Putzlappen auf den Knien liegen, auch die Tische müssen mit Sand geschrubbt werden, das Täfer mit Essigwasser vom klebrigen Belag gereinigt, mit Nußöl auf seidigen Glanz gebracht.

Hört Ihr, Marie?

Ihr verschleierter Blick. Ein Schulmeister ist empfindlich für die geringsten Zeichen von Abwesenheit.

Ich höre, sagt sie und hört nicht. Sie läßt ihn sein Schulmeistergarn spinnen und denkt an Vergangenes. Dabei sollte sie sich aufs Jetzt verlegen.

Man nennt sie hier Marie.

Auch einen falschen Familiennamen hat sie angegeben. Mehr ist auswechselbar, als man annimmt. Bei einer Magd jedenfalls.

So sauber sei es hier noch nie gewesen, lobt der Wirt; im Putzen hat sie Übung. An das Servieren hat sie sich erst gewöhnen müssen: an die keifenden Stimmen der Sticker, ihre Art, dazusitzen mit rundem Rücken, die Arme auf die Tischplatte gedrückt, den Kopf eingezogen, als erwarteten sie einen Schlag. Abend für Abend, so als säßen sie immer noch in ihren Stickkellern, Mauslöchern, während ihre Augen Muster sticken, Wände und Tischplatten voll Muster. Daß ihnen der Wein schon nach dem zweiten Glas zu Kopf steigt, sie aufbrausend und zanksüchtig macht, ist nicht ihre Schuld.

Vom Vater her weiß sie, was es heißt, auf leeren Magen zu trinken. Drei Kühe im Stall, zehn Esser am Tisch. Daran ändert auch die Nachtschicht im Stickkeller nichts.

Oft ist ihr, der Vater sitze unter den Stickern, suche im Brennz, im Wein sein Neufundenland, sein Pennsylvania. Siehst du die Rothäute tanzen, Anna. Sie tanzen ums Feuer, wogende Federbüsche auf dem Kopf. Und der Vater tanzt mit stampfenden Beinbewegungen mit, stampft die Muffigkeit nieder in der Sennwalder Küche, wo das Feuer im Herdloch schwelt, das Spinnrad schnurrt.

Affenpossen, Hirngespinste, Narretey.

Immer dieses Darüberhinaus.

Vater und du, Anni, ihr werdet noch mit beiden Füßen auf die Erde zurückkommen.

Auf die Erde zurück in Degerschen. In der Wirtsstube des Züblin. Der Blick, der sich freizumachen versucht aus niedrigen Räumen, sich davonstiehlt aus den kleinen Fenstern, bis der nächste Hügelzug einen Riegel schiebt. Bis hierher und nicht weiter, ducke dich, bescheide dich, auch nach Degerschen kann eines Tages das Glück kommen, Anni, noch ist nicht alles verspielt. Sie nickt, nickt zu dem, was der Schulmeister sagt, während ihre Augen über den Toggenburger Hügeln den Glärnisch sehen, Nachbild aus Träumen, Erinnerungen.

3

»... das Unangenehme dieser Lage rührt vorzüglich von dem hohen, ganz nackten und nur höchst sparsam mit niedrigen Sträuchern bewachsenen Glärnisch her, der dem Flecken gegen Westen liegt und demselben dermalen schon um 2 Uhr Nachmittags den Genuß der wohlthätigen Sonnenstrahlen raubt. Indessen ist die Nacktheit dieser ungeheuren Felsmassen nicht ohne alle Schönheit...«
(J. Caspar Fäsi, Über den Flecken Glarus, 1797)

Tage, die nicht hell werden im Schatten des Berges. Um drei Uhr nachmittags geht die Sonne hinter dem Glärnisch unter, es wird dämmrig und kühl.

Eine Lampe mußt du mir noch machen, Schützenmeister. Für das Puppenhaus.

Das Kind sitzt, von Polstern gestützt, aufrecht im Bett. Rückt Puppenstühle, deckt das handtellergroße Tischchen. Da ist sie wieder, die einschmeichelnde Stimme des Schützenmeisters:

Anna Migeli, willst du mir dein Geheimnis nicht verraten? Alles, was du gespuckt hast, die Guffen, Eisendrähte, Häftli, Nägel, die mußt du einmal geschluckt haben. Nicht im gewöhnlichen Essen, das hättest du ja gemerkt. Hat es dir die Anna eingegeben? Alles auf einmal? Wie? In einem Gebäck versteckt?

Sie wegscheuchen, diese Stimme. Die zwischendurch von anderem redet, aber nie aufgibt.

Anna Maria schüttelt den Kopf, läßt das dünne Haar fliegen, sich im Nacken verwirren zu einem strohfarbenen Gespinst. Die Puppenstube schwankt, Stühlchen kippen; Tellerchen, Gäbelchen, Messerchen fallen durcheinander. Wutgeschrei.

Auf dem Stuhl im Hintergrund bewegt sich jemand, der Camerarius hebt den Arm, gibt dem Schützenmeister ein Zeichen.

Die Stimme duckt sich. Beginnt erst, als das Kind, still geworden, sich wieder über Puppen beugt, aufs neue:

Die Anna hat wohl einen Helfer gehabt. Denk nach! War es eine Frau, oder war es ein Mann, gar ein buckliger? Wenn du etwas weißt, sagst du es dem Schützenmeister, nicht wahr?

Ich will die Lampe, sagt das Kind trotzig. Die Verena hat eine in der Puppenstube, wie sie die Älpler haben, ein Stück Unschlitt mit einem angeklebten Docht.

Der Schützenmeister nickt.

Das Kind stellt zufrieden das Gedeck auf den Tisch zurück, holt aus den Kissen die schönste Puppe, läßt sie, Puppenbein vor Puppenbein setzend, zum Teetisch gehen, trällert:

Will ich in mein Kuchi gahn
will ein Süpplein kochen
steht ein bucklicht Männlein da
hat mein Töpflein brochen ...

Hören Sie? Der Schützenmeister blickt triumphierend zum Camerarius.

Im Hintergrund fährt eine schmale Hand hoch, die Spitzenmanschette schimmert.

Also, wenn Ihr mich fragt, Vetter... Der Schlosser Steinmüller reckte den Kopf, um an den Tiegeln, Mörsern, beschrifteten Gläsern vorbei den Apotheker zu sehen. Fast täglich kam er gegen Mittag, wenn die Hustentee kaufenden Frauen bei den Kochtöpfen waren, verlangte dies und jenes, Zutaten für seine Geheim-Recepte, tauschte mit seinem Vetter Neuigkeiten aus.

Also, wenn Ihr mich fragt, geschehen diese Dinge nicht von ungefähr. Es wird mit solchen und ähnlichen Spukkereien noch ärger kommen. Solange nur wenige das Sagen haben, den übrigen der Mund verschlossen wird, werden die Nähkästen des Teufels weiterhin bemüht.

Nicht nur im Darm mit seinen peristaltischen Zuckungen, auch anderswo sticht, zwickt und zwackt es, Stöcke schweben durch die Luft, Nadeln fliegen durch die Zimmer, das Kind hat Ohrensausen, vernimmt Stimmen...

4

Anna putzt die Fenster der Gaststube, frische Luft strömt herein. Im grellen Februarlicht wirkt der Schulmeister neben dem Ofen noch bläßlicher, in seinem Mund, der klagend offensteht, sieht man die schadhaften Zähne.

Seine Frau huste mehr als er, nur Haut und Knochen sei sie, schaffe es nicht mehr lange.

Für das Schuljahr 81/82 habe er für sechzehn Schulwochen sage und schreibe 34 fl. 24 Kreuzer bekommen.

Anna fährt mit energischen Strichen über das Fensterglas. Februarlicht. Dieses aufmüpfige Blau über den noch schneebedeckten Kuppen. Wie es winkt, Versprechungen macht.

Der Winter ist gebrochen, Anni, das Gröbste hinter dir. Zeit, daß du dir den Koffer nachschicken läßt mit dem Taftrock, der Spitzenbluse mit dem Stehkragen vom Gallusmarkt in Glarus.

Sie klettert vom Stuhl, geht auf den Schulmeister zu.

Ob er ihr einen Brief schreiben könne? Sie spendiere für seine Dienste gern einen Halben Veltliner.

Ja, ja, es sei ihm recht, er müsse oft für die Leute Briefe schreiben. Die Schüler beschäftigen sich. Wenn sie zu laut werden, schaut die Frau zum Rechten. Ob der Züblin denn Papier habe, Tinte? Den Gänsekiel trage er immer bei sich.

Dieser Koffer, Steinmüller.

Mein ganzes Leben lang ist er am falschen Ort gestanden. Dauernd mußte er nachgeschickt werden, von hier nach dort.

Hätte ich ihn nur dieses eine Mal fahrenlassen...

Der Schulmeister hüstelt, tunkt die Feder. Das weiße Blatt scheint unter seinem Atem einkräuselnd zu welken.

»Mein braunschwarzer Koffer allwo stehet auf dem Boden...«

Die Federspitze eilt über das Blatt, malt Rundungen, dreht Schnörkel, ruht in einem Abstrich aus. Verwirrt, verstrickt sich, zieht sich aus Verschlungenem.

Eine schöne Hand schreibt Ihr, Schulmeister.

Er lächelt geschmeichelt.

»... und bitte Euch dringend denselbigen baldmöglichst der Post...«

Daß sie immer wieder angewiesen sein muß auf fremde Schreiber. Ein halbes Jahr länger zur Schule, und sie hätte die Kunst gelernt. Das Lesen der Buchstaben hatte sie damals in Sennwald begriffen, jedes Kind brachte zum Lernen ein anderes Buch von zu Hause mit. Sie lernte nach dem Psalmenbuch: Gott ist mein Hirt, er weidet mich auf grüner Aue: der Lehrer skandierte mit dem Meerrohr. Annis Zöpfe sprangen im Takt des Gelesenen auf und ab, unter dem Tisch wippten die Füße mit. Ab und zu strich ihr linker Fuß über den rechten, wo über den Zehenknöcheln die Frostbeulen juckten. Der Singsang der Silben. Sie glitt auf dem Silbenstrom dahin, aus der Schulstube hinaus, über die zehn Zeilen, die ihr wie allen andern zum Lesen zustanden.

Gut, Schluß, Anna.

Ernüchtert legte sie das Buch weg.

Erst übermorgen würde sie wieder drankommen, eine Reihenfolge streng nach Alphabet, bis dahin Langeweile, blinzelnde Schläfrigkeit. In der Wärme des Ofens, auf dem Mäntel und Schuhe trockneten, wurde ihr fast übel. Die Frau des Lehrers, die am Spinnrocken saß, nickte ihr zu: Brav gelesen, Anna, nächstes Jahr darfst du schreiben lernen.

Aber im nächsten Jahr war der Vater tot, Annas Schulzeit vorbei.

Bei Zwickis hatte ihr Melchiors Schwester, die fünfzehnjährige Dorothee, das Schreiben beibringen wollen.

Krampf die Hand nicht so fest um den Griffel.

Das A zuerst, das steht am Anfang des Alphabets und deines Namens.

Hinauf, hinunter. So.

Anna kratzte dicke Striche auf die Schiefertafel. Als die Tafel mit dem Schwamm gereinigt war, konnte man sie noch sehen.

Frau Zwicky machte den Lektionen ein Ende. Was das für eine Narretey sei, einer Magd das Schreiben beizubringen? Wenn eine Magd die Schreibkunst einmal beherrsche, halte sie sich für zu gut, der Herrschaft zu dienen. Wo kämen wir hin, wenn der Pöbel sich bilden ließe wie die Leute von Stand?

Es ist von der Vorsehung so eingerichtet, daß das gemeine Volk mit wenig Verstand zur Welt kommt. Die Anna ist da vielleicht eine Ausnahme. Ob zu ihrem Vorteil, weiß ich nicht.

Ja, Wörter schreiben, das hätte sie lernen wollen.

Wörter gibt es wie Sand am Meer, hatte Dorothee lachend versichert: Weil Anna zu ihr sagte: Du kennst so viele Wörter. Ich weiß keine.

». . .und bitte Euch meinen derzeitigen Aufenthalt nicht zu verraten. . .«

Und die Adresse? Der Schulmeister hob sein Gesicht, hüstelte, das Blatt blähte sich in seinen Händen.

Göldin. Katharina Göldin, Hebamme zu Werdenberg.

Eine Verwandte?

Anna nickte.

Göldin, dachte er, ein Geschlecht aus der Herrschaft Sax. Gerade gestern war ihm dieser Name aufgefallen – in der letzten Nummer der Zürcher Zeitung. Der Pfarrer, der auf die Zeitung abonniert ist, hat sie ihm zugesteckt. Ein *Avertissement*. Darin wird eine Magd gesucht, die irgend etwas eingebrockt hat im Glarnerland. Anna Göldin hieß sie.

Aber diese heißt Marie.

Und die Unterschrift?

A. . . Nein, keine.

Das ist unüblich.

Sie winkt ab. Mein Name ist dort bekannt.

Ob sie das Neueste im Göldihandel wüßten?

David Marti, Alderwirt, setzte sich an den Freitagstisch der »Lesecommun«. Seit der Camerarius sich von dem illustren Cercle zurückgezogen habe, könne man ja offen sprechen.

Das Kind habe nämlich das Geheimnis um die Stecknadeln gelüftet. Er wisse es aus erster Quelle. Vom Schützenmeister.

Das Kind habe plötzlich zu zittern und husten begonnen, mit den Händen zur Zimmerdecke gezeigt und gesagt: »Du armes Luder! Ich habe dir doch auch nüt (nichts) zu leid gethan, ich weiß noch neimis (etwas).«

Auf das Drängen des Schützenmeisters, weiterzureden, habe das Kind geschrien, endlich hervorgestoßen: Es dürfe nichts sagen, sonst werde es wieder geschlagen. Von wem? Das habe es nicht gesagt. Dann sei es mit seiner Geschichte herausgerückt, die es später, ohne Abweichung, auch der Ehrenkommission zu Protocoll gegeben. Vom Landschreiber Marti habe er eine Copie: *»An einem Sonntag unter Tags sei auf der Magdenkammer Rud. Steinmüller von der Abläsch bei der Anna auf dem Bett gesessen und Einer sei am Boden umengehapet der weder Arm noch Bein gehabt. Da habe ihm die Anna aus einem Häfeli ein überzuckertes Leckerli gegeben, das es in der Kammer essen müssen, wo die Anna sagte, sie solle dem Vater und der Mutter nichts sagen. Es seie auch ein Sälbli in dem Häfeli innen gsin. Der Rudeli Steinmüller und der so am Boden umengehapet, habe nichts gemacht. Vater und Mutter seien nicht zu Hause gewesen.«*

Der Wirt blickte triumphierend in die Runde. Betretenes Schweigen.

Der Pannerherr Zwicki flüsterte seinem Nachbarn, dem Fabrikant Blumer zu, sie seien hierhergekommen, um sich an aufgeklärten Gedanken zu erbauen, Rousseau habe man lesen wollen oder Bayle. Und jetzt sei man plötzlich im Mittelalter beim Gottseibeiuns.

Vor den verschlossenen Läden des Adlers tobte der Föhn, rüttelte an Dachschindeln, das Wirtshausschild quietschte.

Das Unheimliche. Zum Greifen nah war es zu spüren.

Vertrieben hatte man die Halbschatten, Zwielichtiges weggejagt aus den glänzenden Zentren Europas, aus illuminierten Köpfen, übersichtlichen, hellen Bauten, geometrisch angeordneten Gärten. Was für ein Exodus an Teufeln, Gespenstern, Unholden, Hexen, Mißgeburten, Schadenzauberern, Wechselbälgen. Und jetzt fanden sie in den Bergschatten Zuflucht, in den Winkeln der Täler.

Mit den Waffen der Vernunft dagegen kämpfen, dachte

der Pannerherr, Glarus sauberfegen. Wenn es sein muß, mit dem Wirbelsturm, der aus Frankreich kommt.

Er schüttelte den Kopf, als verscheuche er einen Alptraum, verzog die feingeschnittenen Lippen, sagte:

Dann hätte also das Leckerli die »materia peccans« enthalten, gewissermaßen die Keime der später ausgeworfenen Nadeln, Nägel, Drahtstifte? Wer will sich das auf die Nase binden lassen in einem Jahrzehnt, wo anderswo die Vernunft die kühnsten Triumphe feiert?

Cosmus Heer nickte beifällig. Soviel er sich auf den Bau des Magens mit seinen peristaltischen Bewegungen, des Schlundes und aller damit verbundenen Gefäße verstehe, so sei es natürlicherweise unmöglich, daß ein Kind all diese Sachen verschlucken, einige Tage oder Wochen im Leib behalten und endlich wieder von sich geben könne, ohne zu ersticken.

Der Pannerherr lächelte maliziös: Am Ende laufe wohl die Sache darauf hinaus, daß sie ein feiner, gar künstlich gespielter Betrug sei?

Eine Viertel Unze präparierten Weinstein, Vetter Apotheker. Die Dorothee hat einen Schnupfen erwischt. Und eine Dose Theriak, bitte. Das Knie der Metzgerin Marti ist besser. Habt Ihr wieder Fieberrinde bekommen? Zwei Unzen, wie immer.

Von der Anna haben sie immer noch keine Spur.

Zum Glück, Vetter Privatlehrer und Apotheker! Man würde sie am Ende noch aufhängen, und nichts würde sich ändern. Die wahren Ursachen der Mißstände sieht keiner. Die Wörter werden von Tag zu Tag spitziger, Spitzen gegen die Sprechenden, bohren sich in die Ohren, dringen durch die Mäuler, in die Nasenlöcher, zwicken, stechen, plagen die Därme, werden zu Folterwerkzeugen.

Der Schlosser kam näher an den Verkaufstisch.

Stimmt es Vetter, daß man zu Paris in einem riesigen

Wörterbuch alle Wörter sammelt samt ihren Erklärungen, die Auskunft geben über die Fragen der Philosophie, Religion, Politik, der Naturwissenschaften? Schon achtundzwanzig Bände liegen vor, sagt man und die Sammlung heißt Enzyklopädie. Glaubt Ihr, man wird die Wörter samt ihren Erklärungen nachher unter das Volk verteilen?

Er hat es sofort gewußt: Es ist die Marie.

Alles trifft zu. Daß sie ihn dann in Glarus auf dem Rathaus so verächtlich behandelt haben, konnte der Schulmeister nicht verstehen. Nicht einmal der Doctor Tschudi hat ihn zu einem Trunk eingeladen. Einfach stehenlassen hat man ihn. Ihm schließlich die hundert Kronenthaler in die Hand gedrückt.

Dabei ist er zwei Tage lang diesen unendlich langen Weg gegangen, hügelan, hügelab, bei Frost, auf unwegsamen Pfaden. Nein, kein Herzflattern, keine Aufwallung des Erbarmens für Marie.

Im Gasthaus am Ricken, wo er eine Suppe ißt, hat er das Avertissement noch einmal durchgelesen.

»Löblicher Stand Glarus, evangelischer Religion, anerbietet sich hiermit demjenigen, welcher nachbeschriebene Anna Göldin entdecken, und der Justiz einbringen wird, Einhundert Kronenthaler Belohnung zu bezahlen; womit auch alle Hohe und Höhere Obrigkeiten und Dero nachgesetzte Amtsleuth ersucht werden, zu Gefangennehmmung dieser Person all mögliche Hülfe zu leisten; zumahlen solche in hier eine ungeheure That, vermittelst geheimer und fast unbegreiflicher Beibringung einer Menge Guffen und anderen Gezeug gegen ein unschuldiges acht Jahr altes Kind verübet hat.

Anna Göldin, aus der Gemeinde Sennwald, der Landvogthey hohen Sax und Forstek zugehörig, Zürchergebiets, ohngefähr 40. Jahr alt, dicker und großer Leibsstatur, vollkommnen und rothlechten Angesichts, schwarzer

Haaren und Augbraunen, hat graue etwas ungesunde
Augen, welche meistens rothlecht aussehen, ihr Anschau-
en ist niedergeschlagen, und redet ihre Sennwalder Aus-
sprach, tragt eine modenfarbne Jüppen, eine blaue und
eine gestrichelte Schos, darunter eine blaue Schlingen =
oder Schnäbeli-Gestalt, ein Damastenen grauen Tscho-
pen, weis castorin Strümpf, ein schwarze Kappen, darunter ein weißes Häubli, und tragt ein schwarzes Seiden-
bettli.
    Datum, den 25. Jenner St. v. 1782.
    Kanzley Glarus evangelischer Religion.«

Die Seite mit dem Avertissement hat er wie eine Kost-
barkeit klein zusammengefaltet in der Brusttasche über
die Schneehügel getragen, beim Löffeln der Suppe mit
dem Handrücken das Papier glattgestrichen. Auch die
Rückseite des Steckbriefs, auf die etwas von der Brühe
getropft ist, hat er aufmerksam gelesen:

    Paris, 9. Februar. »Bey den letzten Feyerlichkeiten war
die Königin wirklich blendend. Der Wert ihres Schmuckes
war nicht abzuschätzen. Auch der König schimmerte von
kostbaren Steinen. Den 21. fuhr die Königin in Begleitung
der Mesdames Elisabeth und Adelaide von Frankreich,
der Prinzessinn v. Bourbon Condé und der Prinzessinnen
v. Lamballe und Chimay nach Notre Dame und St. Ge-
neviève, um Gott für die glückliche Geburt des Dauphins
zu danken...«

Sich dann die Seele fast aus dem Leib husten in Glarus.
Zweimal einen Anlauf nehmen zum Sprechen:
    Die Magd... Die Marie... äh, nein, die Anna.
    Ja, in Degerschen, beim Züblin-Wirt.
    Gehext hat sie dort nichts. Nicht daß ich wüßte, jeden-
falls. Auch nichts geschadet. Eher genützt. Die Wirtschaft hat ihm keine so in Ordnung gehalten, sagt der
Züblin, und der geizt mit Lob.
    Der Schulmeister läßt den Blick vom Vorsitzenden weg

über die Gesichter der Ratsherren wandern, behäbige, bäurische Köpfe, die ihn kalt, fast feindselig mustern; in der vordersten Reihe sagt einer laut zu einem Nachbarn:

Dort nützt die Anna, hier macht sie uns nur Scherereien, wozu also...

5

Rohe Mauern und vor dem vergitterten Fenster, als hätte man ihn in die Wand eingelassen, der Glärnisch mit seinern Querbändern, Felsabstürzen. Teil des Kerkers, der sie gefangenhält.

Vom Strohsack aus gesehen erscheint er als Pyramide, die einen Keil treibt in die bleierne Unbeweglichkeit des Himmels. Wenn sie sich erhebt, füllt er das Fenster aus. Scharten, Schründe, Linien wie auf einer Stirn, auf der Vergangenes zu lesen ist.

Da bist du wieder, Anna. Der Schlauch, die Talrinne hat dich eingesaugt. Auf Befehl meiner Gnädigen Herren und Obern des Standes Glarus.

Wir müssen dich mitnehmen, Anni.

Der Weibel Blumer, bekleidet mit der schwarz-roten Amtstracht, hatte verlegen an ihr vorbeigeschaut, sie kannte sein feistes, gutmütiges Gesicht von Glarus her; wenn sie am Rathaus vorbeigekommen war, hatte er in seiner leutseligen Art mit ihr ein Wort gewechselt.

Darauf begann der Läufer mit der Eisenkette zu rasseln. Der Weibel stieß ihn mit dem Ellbogen an, zischte: Laß das bleiben, hörst du.

Der Läufer, ein baumlanger, junger Kerl, hatte sich die Verhaftung einer gefährlichen Weibsperson anders vorgestellt, grimmig, angsteinflößend hatte er sich das vorgestellt, während er durch den kniehohen Schnee von Dikken nach Degerschen gestapft war, und jetzt am Ziel ärgerte er sich über die genierte Weichheit seines Vorgesetzten.

Anna war bleich geworden. So ein Moment kam seit Wochen in ihren Träumen vor, während die Tage mit ihrer Emsigkeit ihr ein Gefühl von Unverletzlichkeit verliehen. Sie gab sich ruhig und gefaßt. Sie müsse hinaufgehen, zusammenpacken. Nur kein umständliches Gepäck, wehrte Blumer ab. Der Weg ist mühsam.

Sie band die Schürze los, hängte sie an den Haken neben dem Besen. Mein Koffer, überlegte sie laut. Gestern ist er angekommen mit der Post. Mit allem drin, Kleidern für die wärmere Jahreszeit...

Der Züblin kann ihn ja nachschicken, meinte Blumer. Und nach einer Pause: Falls das nötig ist.

Anna streifte ihn mit einem mißtrauischen Blick.

Ich werde doch in Glarus nicht etwa eingesperrt?

Mit einer Untersuchungshaft müßt Ihr rechnen, Jungfer.

Darauf sagte sie zu Züblin: Stellt den Koffer auf den Dachboden: Ich bin bald zurück.

Zwei Tage und einen Teil der Nacht folgte sie dem Schwarz-Rot der Amtsmäntel, mit gebundenen Händen über Höhen, verschneite Kuppen. Diese gefurchte, von Hügelzügen und Querrinnen zerschnittene Landschaft. In den Senken der Flußläufe und auf den Hügelkämmen lag noch hoher Schnee. In Wattwil kam Blumer mit einem Kutscher überein, daß er sie den steilen Hummelwald hinaufführe, aber das Gefährt blieb auf halber Höhe in einer Wegbiegung stecken, mußte dann, als die Räder freigeschaufelt waren, kehrtmachen.

Die drei gingen zu Fuß weiter. Der Läufer schimpfte: Die Glarner Obrigkeit sei knausrig, hätte ihnen eine Kutsche stellen sollen, dann hätte man sich an die Talstraßen halten können: durch das Rheintal nach Sargans, von dort durch die Walensee-Rinne nach Mollis und Glarus. Der Weibel pflichtete ihm bei. Er habe den Rat um eine

Kutsche gebeten. Ob es neuerdings Sitte sei, Verbrecherinnen wie Herrschaften ins Gefängnis zu fahren, habe man gefragt und Ordre gegeben, die Delinquentin mit gebundenen Händen an der Eisenkette zu führen. Die Magd sei eine teure Person, dürfe nicht entwischen. 800 Gulden habe man der Anna wegen schon obrigkeitlich verwendet, 100 Kronenthaler auf ihren Kopf ausgesetzt.

Die Anna wie einen Tanzbären nach Glarus zerren?

Das fiel ihm nicht ein. Schon so erregten sie in den Dörfern Aufsehen. Blicke, Rufe: Was hat das Mensch gemacht? Ist es gefährlich? In Wattwil hatte plötzlich eine Frau aus der Menge herausgerufen: Die Läufer tragen die Glarner Amtsfarben! Das ist die Göldin, die Hexe, die in Glarus ein Kind mit Stecknadeln vergiftet hat!

Auf dem Ricken kehrten sie vor Einbruch der Nacht ein. Der Weibel band Anna die Hände los, damit sie ihre Suppe löffeln konnte. Als der ärgste Hunger weg war, fragte sie:

Wollen die Glarner mich einsperren wegen der paar Guffen in der Milch? Warum haben sie es damals nicht gleich getan? Das Kind soll krank geworden sein, hat der Spälti gesagt. Was hat das mit mir zu tun?

Blumer schnitt einen Teil seiner Schweinshaxe ab, legte ihn der Anna in die Suppe.

Stärkt Euch, Anni. Etwas anderes sagte er nicht.

In der Morgenfrühe gingen sie weiter. Die Straße war von Schneeverwehungen zugedeckt. In Annas Schuhe drang Schnee, vorne hatte sich das Oberleder gelöst.

Ihre Zehen wurden rot vor Frost, begannen zu jucken, schließlich zu bluten.

Der Weibel zerriß ein Schnupftuch, umwickelte mit den Lappen ihre Füße.

Immer weiter durch taumeliges Weiß.

Eine Wintersonne, die frieren macht, in den Augen schmerzt.

In Kaltbrunn, wo sie nochmals einkehrten, lockerte der Wein dem Läufer die Zunge.

So einfach habe er es sich nicht vorgestellt.

Eine Hexe einzufangen sei gefährlich, habe man ihm in Glarus eingeschärft, gute Ratschläge mit auf den Weg gegeben: Faßt sie nicht an. Ihr wäret nicht das erste Mannenvolk, das ihr ins Garn geht.

In der Linthebene blies ein barscher Wind, Anna hielt sich im Gehen den dünnen Umhang zu. Sie spürte ein Stechen im Hals, dazu dieses Ziehen im Unterleib, der immer wiederkehrende Drang, Wasser zu lassen.

Ich muß, Blumer.

Schon wieder?

Nein, hinter die Scheune läßt er sie nicht, was, wenn sie hinter den Pappeln auf Nimmerwiedersehen verschwände. Die Anna, die für den Stand Glarus unentbehrliche Person. Er, Blumer, könnte glatt den Dienst quittieren. Da kennen die hohen Herren und Obern kein Pardon. Anna kauert sich an den Wegrand. Aufgeplustert wie eine Krähe hockt sie unter der Pappel. Nicht herumschauen, befiehlt sie, während sie die Röcke hebt. Gelbe Rinnsale furchen den Schnee. Der Läufer schaut doch hin. Sie schimpft.

Zimperliches Weib. Der wird man das Getue schon noch austreiben. Im Gaster hat man vor ein paar Jahren einer Hexe die Zunge herausgeschnitten. Und im Flecken Zug hat man vor fünfzig Jahren eine gefoltert, mit Steinen gestreckt, daß sie dünn geworden ist wie Löschpapier. . .

In Glarus fieberte man Annas Ankunft entgegen. Die Göldischen befürchteten, wie Cosmus Heer sich ausdrückte, ein Malheur, das wohl nicht mehr so leicht aus glarnerischen Geschichtsbüchern zu tilgen sei.

Für die Tschudischen war das Schicksal der Hexe schon entschieden. Nur der Fünferrichter wußte nicht, ob er Annas Nähe herbeiwünschen oder fürchten sollte.

Sie war ja auch ohne ihre körperliche Präsenz da.

Das Haus war besessen.

Wachend und im Halbschlaf sah das Kind die Magd.

Schrie ihren Namen. Die spitzen A drangen durch die Zimmertüren, die Wände der Korridore, unsichtbare Pfeilspitzen blieben in den Ohren, den Rücken der Besucher stecken.

Alles geschah im Namen der Anna.

Tschudi hatte sie, wenn auch contre-cœur, aus dem Haus gejagt, jetzt war sie in hundertfacher Gestalt zurückgekommen, saß in jedem Winkel.

Noch nie hatte eine Magd ihre Herrschaft so beherrscht.

Noch im Ehebett war Anna zwischen ihnen.

Du hast sie geschwängert!

Beim Eid nicht!

Hexenbock!

Daß die Frau ihm vorwarf, er tue nichts für das Kind, widersprach den Tatsachen; er hatte alles getan, nach bestem Vermögen, nach dem neuesten Stand der medicinischen Wissenschaft. Täglich zweimals den Puls gefühlt, der bald schwach war, bald hart und voll.

Das Gesicht geprüft, das bald blaß, bald rot war, die Augen bald verschlossen, bald staunend verdreht.

Er hatte eine doppelte *Aderlässe* verordnet. *Clystiere, Vesicatoria* gesetzt, Blies, auf Anraten eines Kollegen, dem Kind während der Ohnmachten *Tobak* ein, auf den hin es allemal erwachte, aber gleich in die *Convulsiones* zurückfiel. In den offenen Mund hatte er versuchsweise *Oxymell. Scill* und *Crem. Tart.* geschüttet.

Er legte dem Anna Migeli ein erweichendes *Cataplasma mit Theriak* um den Hals, ließ die Füße in warmes Wasser setzen und reiben, verordnete nochmals ein *Clystier.* Darüber hinaus gab er *Campher, Foetida, Antihysterica,* tagsüber zur Beruhigung die *Tisane* Nr. 15 aus dem Ärztebuch des Tissot: *Blühten von Johanneskraut, Hollunder, Steinklee, jedes eingemahl so viel als man zwischen drey Finger fassen kan; thut solche in einen Be-*

*cher oder Weinkrug mit einem Loth Terpentinöl, und
gießet siedend Wasser daran.*

Alles umsonst, sagte der Camerarius zum Fünferrichter. Kein Kraut ist dagegen gewachsen, keine Doctorhüte
von Kassel oder Göttingen kommen diesem Übel bei. An
eine ganz andere Adresse müsse er gelangen. In aller Discretion natürlich. Er wisse eine in Pfaffhausen bei Zürich.

Als sie mit Anna die ersten Häuser des Fleckens erreichten, befahl Blumer dem Läufer, die Delinquentin an die
schwere Eisenkette zu legen, um der Ordre des Rats für
die letzte Wegstrecke zu genügen.

Bald johlten Kinder um sie herum; wie ein Lauffeuer
ging die Nachricht von Annas Ankunft durch die Straßen. Unter dem Vordach des Rathauses, wo eine ausgespannte Bärenhaut hing, drängte sich eine Schar Neugieriger.

Es hätte die Leute nicht erstaunt, wenn die Anna auf
einem Besen über den Wiggis geflogen wäre, den Haarschweif wie ein Leuchtzeichen hinter ihr her, von Funken umsprüht. Oder in Tiergestalt hätte sie zurückkommen können, als Rabe, den der Weibel beringt und an
die Kette gelegt hatte. Die Phantasie der Leute, die sonst
armselig versickerte im Nützlichen, war durch die seltsamen Vorgänge angeheizt.

Anna erschien schließlich mit schleppendem Gang,
mit Mühe konnte sie sich an der Eisenkette aufrecht halten zwischen Weibel und Läufer.

Eine veritable Hexe. Eine Frau spuckte vor ihr aus.
Anna blickte auf. Die Bäckerin! Was hatte die bekannten
Gesichter während ihrer Abwesenheit so entstellt? Hämische Mundwinkel, genüßlich verengte Augen.

Schon einmal hatte Anna in solche Gesichter geblickt.
Damals in Sennwald, als man sagte, sie habe das Kind
umgebracht.

»... *kurz, sie ward vom Scharfrichter sanft mit Ruthen gestrichen, und 6 Jahre lang in das Haus der Eltern gebannet* ...«

Die Rutenschläge hatte sie kaum gespürt.

Aber die Blicke brannten, die Scham, halbnackt inmitten der Gaffer zu stehen. Geile Augen. Getuschel.

Wo der Scharfrichter wohl hinschlägt?

Auf die Schenkel? Auf den Hintern?

Das Hemdchen wird rot! Wetten, die sieht das Feuer im Pommerland.

Geschieht ihr recht. Hat sich schließlich auch streicheln lassen.

Vom Pfarrer?

Nein, vom Roduner, dem Jakob.

Der hat's sitzenlassen, das Luder, das schändliche.

Hat wohl noch rechtzeitig gewittert, daß es so eine ist.

Sündigt, bringt die Frucht um.

Ihr eigen Fleisch und Blut.

Und der Roduner?

Schlägt sich brav, macht wacker Krieg, die Eltern haben Nachricht bekommen aus Holland.

Anna gefangen im obersten Stock des Rathauses. Seit Tagen schon. Keine Verhöre. Eine unheimliche Ruhe. Die Tage hinterlassen ihre Schatten- und Lichtspuren auf dem Glärnisch, die Tageszeiten lassen sich an den Verfärbungen der Felsen ablesen.

Was ist die Zeit, die man rieseln hört, wenn man still da sitzt, auf dem Rand des Strohsacks.

Manchmal wird Anna durch ein Donnern aufgeschreckt. Ströme von Schnee wehen über eine der Steilpartien, verschwinden weiter untern zwischen den Felsen, als sei der Glärnisch hohl, verschlinge, schlucke mit einem unsichtbaren Schlund.

Hier läßt sich nichts verheimlichen.

Ein unheimlicher Ort.

Diese aufgeblasene Stille.

Jeder Schritt widerhallt.

An den Fenstern blitzen schräggestellte Spione, registrieren Schatten in den Zimmern über der Gasse.

Trotzdem hätte sich Irmigers Visite verheimlichen lassen, das gab sogar der Schützenmeister zu. Aber der zum Teufelsbanner avancierte Viehdoctor aus Pfaffhausen wollte à tout prix auffallen.

Mit einer Chaise nach neuester Bauart fuhr er in Glarus ein, hielt anstatt beim Doctor Tschudi zuerst auf dem Adlerplatz, stieg aus, drapierte den Mantel, die brokatene Schärpe, ließ auf der Brust die Goldkette glänzen von der Art, wie sie Bürgermeister tragen, neigte dann den Kopf mit dem Samtbarett, dem orientalischen Federputz, las die Tafel mit dem Menu: Suppe, Voressen, Lachsforellen, Standfleisch, Würst, gekochte Zwetschgen, Krachmandeln, Nuß-Turten.

In der Gaststube, wo er erst eine Lachsforelle verzehrte, dann eine Lammkeule, erzählte er dem Wirt lauthals, er müßte sich stärken, habe noch viel vor.

Die Gäste, die sich mittags zahlreich einzufinden pflegten, ließen Gabel und Messer sinken. Der Doctor Tschudi habe ihn gerufen, das besessene Kind zu heilen. Ja, ja, in verzwickten Fällen sei die Kunst der Mediciner bald zu Ende, da müsse einer mit anderen Mitteln kommen, das sei eben eine Wissenschaft für sich. Im Züricherischen sei er mit vielen ähnlichen Fällen fertig geworden, es gäbe in dieser Branche landauf, landab, zu tun. Die Teufel seien zu diesen schlechten Zeitläuften los, es müsse nur jemand kommen, der sie zu rufen verstehe, wie diese Magd, schon trieben sie, mit Vorliebe bei den unschuldigen Kindern, ihr Unwesen.

Er redete mit schwungvollen Gesten, über alle Tische hinweg, wo man ihm staunend oder mißbilligend zuhörte.

Später sagten viele Glarner, der Irmiger habe im Tschudihaus »allerley Unwesens getrieben, zum krank lachen«.

Er ließ sich die ausgespuckten Nägel zeigen, schrieb an die Wand Kreuze und Sigillen mit Bleiweiß, bohrte ein Loch in die Türschwelle, schlug einen Nagel ein.

Er gab Anweisungen, daß im Haus vor Sonnenaufgang geräuchert werde. Tastete den Leib des Kindes ab, sagte, es sei viel Zeug darinnen, das müsse abgetrieben werden, er wolle Arzneien geben. Er ordnete an, daß die frisch ausgespuckten Stecknadeln und Nägel auf dem Friedhof in ein offenes Grab geworfen, in Ermangelung desselben unter fließendem Wasser gespült würden.

Der Irmiger erhärtete auch die schon im Volk verbreitete Ansicht, die Guffen und Nägel seien dem Kind aus dem Leckerli gewachsen. Auf das Gespött der Aufgeklärten reagierte er gekränkt. Ein Jahr später, als er in Wysslingen bei Zürich einen nägelspuckenden Knaben mit denselben Methoden zu kurieren suchte, gab er folgendes zu Protokoll, das darauf in Rahns Ärztezeitung ›Gazette de santé‹ 1783 in Zürich abgedruckt wurde: »*O der einfältigen Bauren, wie sie über dergleichen freylich nicht alle Tage vorkommenden Sachen, Maul und Nase aufsperren, und hingegen das, was alle Tage geschieht, und das oft noch wunderbarer und unerklärlicher ist, nicht die geringste Ahnung haben! Siehe dieser Nagel, den du da siehest, ist aus Fleisch und Blut entstanden, das ist wunderbar, er ist doch nur ein einfacher Nagel: siehe aber ein Kind an, wie es im Mutterleibe wachst, aus so vielen tausend Äderlein und Nervlein zusammengesetzt ist, und so wunderbar an die Welt gebohrn wird, kannst du dir's nicht eher begreifen, wie ein Nagel im Körper wachsen und forttrieben werden kann, als wie ein Kind gebildet und gebohren wird.*«

Nachdem Irmiger dem Kind Tee zu trinken gegeben hatte, auf dessen Blättern die Worte: Herr Jesu hilf du! geschrieben waren, das Kind mit Vomitiven, Laxativen und Klistieren plagte, und dennoch die Teufel nicht weichen, keine Nadeln mehr kommen wollten, der Fuß, auf den er Zugpflaster applicirt, auch nicht gerade wurde, sagte er: Jetzt ist alles vergebens, nun kann niemand mehr helfen, als das Mensch selbst, welches das Kind verderbt hat ...

Er strich einige Louisdor ein und stieg in seine Kutsche.

Wißt Ihr, was der Irmiger gesagt hat, Vetter Privatlehrer und Apotheker?

Die Zeiten seien schlecht, der Teufel sei los.

Da stellte ich fest: Gott ist nie los, schade.

Kaum geht er frei herum, nageln sie ihn an Händen und Füßen ans Kreuz, hängen ihn in den Herrgottswinkel, sperren ihn in goldene Schreine, verwahren ihn zwischen den Blättern ihrer vergilbten Singbücher, Bibeln, Katechismen. Der Umgang mit dem losen Teufel macht ihnen wohl weniger Schwierigkeiten als der mit einem losen Gott, Vetter.

Seit drei Wochen war Anna gefangen.

Noch immer wußte sie nicht, warum man sie festhielt. Was ist denn los, Blumer, fragte sie, als er ihr das Essen aus der Amtswohnung heraufbrachte.

Damit hätte es eine besondere Bewandtnis, erklärte er. In Glarus gäbe es eine evangelische, eine katholische und eine gemeinschaftliche Gerichtsbarkeit, und man streite sich, vor welches Forum man sie stellen solle. Die Tschudischen seien für den evangelischen Rat. Die Gegenpartei für den gemeinschaftlichen, weil sie behaupteten, der evangelische sei um die besten Köpfe dezimiert, seit man die Verwandten von Doktor Zwicki in Mollis ausgeschaltet habe ... Ein Bauernrat, der zu allem, was Tschudi sage, ja und amen nicke.

Anna verstand nicht.

Dieser Wirbel um sie herum.

In der Mitte des Wirbels war Windstille, dort ließ man sie sitzen, zwischen feuchten Mauern warten.

Dieses Untätigsein, Steinmüller.

Mein Leben lang habe ich mich gerührt.

Dahin, dorthin, fort von den Schatten. Jetzt haben mich die Schatten eingeholt, wachsen in mich hinein.

Ich fange an zu sinnieren, Steinmüller.

Rede mit Euch, obwohl Ihr mich kaum hören könnt drüben in der Abläsch. Oder seid Ihr am Ende in der Nachbarzelle, der Blumer hat gesagt, die Anna Maria Tschudi habe Euch mit gewissen Aussagen belastet?

Über Euren Hang zu philosophieren habe ich mich lustig gemacht, jetzt denke auch ich: wohin, woher, wieso?

Die Berge sind da, damit der Blick nicht ins Leere stürzt.

Die erste Haft, damals in Sennwald, was anders gewesen. »Ins Haus der Eltern verbannt«, hat Lehmann geschrieben, aber die Eltern waren längst tot, das Haus verkauft. Sie war Gefangene im Haus ihrer jüngsten Schwester Barbara, die neun Jahr nach ihr, im August 1743, geboren ist, verheiratet in Sax mit Adrian Appenzeller.

Anna sollte, laut Urteil des Gerichts, ihren Unterhalt mit Spinnen verdienen.

Außer Haus darf sie nicht, der lehmige Bezirk, der das Haus mit der Scheune verbindet, ist die Grenze. Die Kinder werden, wenn die Eltern der Feldarbeit nachgehen, in der Obhut der »Kindsmörderin« gelassen. Sie sind der stillen, schwarzhaarigen Frau zugetan, die bis tief in die Nacht Baumwollgarn kämmt und Löthligarn spinnt. Der Schneller gelte auf dem Markt nur noch zwei Kreuzer, sagt der Schwager, wenn sie in die Schüssel langt nach einer zweiten Kartoffel.

Sie haßt sein von Kindsblattern entstelltes Gesicht, die fahlen, wimpernlosen Augen.

Auf Schritt und Tritt spioniert er ihr nach.

Wäre die Nacht nicht, die einen Riegel schiebt, würden die gleichförmigen Tage ineinanderfließen.

Ihr Körper vor Kälte gekrümmt auf dem Sack, der nach Fäulnis riecht und nach den Kartoffeln, die man früher darin aufbewahrt hat. Das Laken gefriert von ihrem Atem. Kein warmer Winkel, keine warme Wand. Drüben schläft der Schwager, wie ein Tier hört sie ihn schnaufen.

Diese enge Welt, in der sie sich zwischen Wachen und Traum ein Niemandsland schafft. Zu dieser Stunde wirft ihr Körper keinen Schatten, vermag durch die Wände zu gehen.

Seiltanzen auf der Nahtstelle der Tage.

Das Gefühl für den Ablauf der Zeit ging ihr verloren, Jahreszeiten kamen und gingen im Wechsel, aber Anna schien es, in Sax sei es immer Winter gewesen.

Einmal schrieb Pfarrer Breitinger einen Brief: »Führ dich brav auf, bleib schön bey Haus, bet und arbeite.« Dem waren ein paar erbauliche Stellen aus einem Buch angefügt. Selber kam er nicht vorbei, obwohl es mit der Kutsche von Sennwald nach Sax nur ein Katzensprung war.

Am Abend des Märzenneumonds borgte sich der Schwager beim Nachbar ein Beil, kam, das Werkzeug schwingend, zu Anna in den Stall. Sie schrie auf, er weidete sich an ihrem Schrecken. Sie mußte am Seil ein Schwein auf den lehmigen Platz zerren, der Schwager wollte es abstechen. Er verlangte, daß sie in der Nähe blieb, die hellrote Fontäne, die nach dem Durchschneiden der Schlagader herausschoß, mit einem Eimer auffing.

Gesicht und Schürze waren rot verspritzt.

Hast die Masern, neckte sie der Schwager.

Anna wurde es flau.

Ich mache es nicht mehr, begehrte sie auf, als er ein zweites Schwein zum Schlachten holte. Er rief nach Barbara, aber die verweigerte ihm den Dienst, platzte, auf die Anna zugehend, heraus: Hältst dich für zu fein, Luder, elendes?

Am Abend färbte sich der Himmel über den Kreuzbergen rot, als sammle sich auch dort Schweineblut.

Röten bringen böse Zeiten, sagten die Leute im Dorf. Im Frühjahr folgten andere Zeichen: Erdbeben, ein Komet, Hochgewitter, Mißgeburten, Überschwemmungen.

Im dritten Jahr der Verbannung, zur Zeit der Schneeschmelze, stand Anna am Fenster, spürte das Stoßen der Erde. In geheimen Kammern hatte sie Kräfte gesammelt während der Brachzeit.

In den Nächten dachte sich Anna einen Fluchtplan aus. In einer bewölkten, mondlosen Nacht ging sie hinüber nach Werdenberg zu ihrer Base Katharina. Niemand stellte ihr nach, der Schwager war froh, sie los zu sein, und der Forstecker hatte längst anderes zu tun, als einer Magd nachzuspüren.

7

Die Göldin sitze gefangen im Rathaus, werde gefüttert, habe ihren Frieden. Unterdessen leide das Kind Qualen, sie mit ihm, warf Frau Tschudi ihrem Mann im Beisein des Camerarius vor.

Auf was man noch warte?

Was sie ihm sage, ärgerte ihn auch, gab der Fünferrichter zur Antwort. Diese uferlosen Debatten im Rat, vor welchen Richterstuhl man den Handel ziehe!

Eine Kabale der Gegner, sicherlich.

Der Camerarius pflichtete ihm bei. Im Dezember noch

hätten sich die Katholiken mit gewundenen Erklärungen vor der Gerichtssache gedrückt, jetzt, im Beschluß vom 25. Februar, machten sie Kehrtwendung, wollten »zum Beweis freundlandlicher Einverständniß und auch aus mehreren Gründen« sich bereit erklären, mitzumachen! Wo der Has im Pfeffer liege, sei ihm klar, die Göldischen hätten die Katholiken bearbeitet, wollten den Prozeß coûte que coûte vor den gemeinen Rat bringen! Er wisse Mittel, wie er dem Rat Beine machen könne, sagte Tschudi. Es gäbe da noch das etwas in Vegessenheit geratene, aber höchst brauchbare Gesetz der 50 . . .

Am 2. März, kurz vor Mittag, kam Steinmüller in die Apotheke, wartete, auf den von Sonnenflecken gesprenkelten Tonfliesen auf und ab gehend, bis die Magd des Chirurgus Blumer endlich ihren Klapperrosen-Sirup, drei Unzen Schwefel, ein Quintchen von der Virginianischen Schlangenwurzel und zehn Gran Campher gekauft hatte.

Als die Tür hinter ihr zu war, legte der Schlosser los: Vetter, dieses Spectacle hättet Ihr erleben müssen!

Gestern hat man mich vor den Rat citiert, um Red und Antwort zu stehen wegen diesem Brief an Anna.

Lächerlich, ja.

Die behandeln dieses Schreiben, gewisser dunkler Stellen wegen, wie sie sagen, als gefährliches Dokument. Als ob sie etwas anderes als dunkle Stellen hätten in ihrem Göldihandel! Jedenfalls fällt meinem Brief die zweifelhafte Ehre zu, das einzig Greifbare zu sein in ihren Händen. Sie drehen und wenden ihn, deuteln daran herum wie Bibelforscher. Ich will also gerade meinen Mund aufmachen, meine Rechtfertigung vorbringen, da höre ich Lärm, Männer dringen am Weibel vorbei in die Ratsstube, mehr und mehr, schließlich ihrer fünfzig an der Zahl, angeführt vom Fünferrichter und Doctor Tschudi, ihm auf den Fersen der Schützenmeister.

Ich schaue in die Gesichter, entdecke lauter Tschudi-
sche Anverwandte, Tschudis, so weit man sieht, aus Glarus und den übrigen Talschaften. Auch Bauern aus dem
Kleintal sind dabei, denen der Tschudi Kredit gegeben
hat, wie heißt es doch, der Borger ist des Leihers Knecht.
Alle fünzig stellen sich auf vor den M. G. H. u. O., fünfzig Tschudis gegen sechzig Ratsherren!

Da gerät auch der Vorsitzende Bartholome Marti in
Harnisch:

Was denn der Aufmarsch bedeute?

Darauf der Fünferrichter: Mit dieser »ehrerbietigen
Vorstellung« – ja, so hat er gesagt, Vetter! – fordere er,
der Göldihandel müsse unverzüglich vor den evangelischen Rat gebracht werden. Dorthin gehöre er. Die Göldin sei während der Zeit, wo sie das Delikt begangen, Teil
seines Hausstandes gewesen. Widrigenfalls erinnere er an
das außer Usus gekommene, immer noch gültige Gesetz,
wonach fünfzig wackere, ehrenfeste Männer das Recht
hätten, eine Einberufung der Landsgemeinde zu fordern.
In diesem Fall müßten die Hohen Herren die Meinung
des Volkes vernehmen, vor welchen Richterstuhl das Geschäft gehöre!

Die »ehrerbietige Vorstellung« hat Eindruck gemacht,
Vetter! Der Rat hat ad hoc beschlossen, mit den Verhören
unverzüglich in der Evangelischen Ratsstube anzufangen.
Als Examinatoren wurden der Seckelmeister Jost Heiz
und der Landvogt Altmann von Ennenda ernannt, die
Protokolle werden vom Landschreiber Kubli Netstal geführt.

Fünfzig Tschudis gegen eine Magd!

Zweytes Visum Repertum vom 10/21ten März 1782
Die hierzu von der Obrigkeit verordnete 3 Herren nebst
dem Unter-Amte haben das Töchterchen in einem Lehn-
sessel liegend und bey gutem Verstande angetroffen, so,
daß es sich mit Kinderspielen auf seinem Lager unterhielt,

*auch auf alles vernünftig antwortete. Inzwischen aber
wurde es in der 5 Stunden langen Anwesenheit der Ehrenkommission zum öftern mit kurzen kaum 2 Minuten
dauernden Anfällen von Zukungen und Verwirrungen
der Sinne angewandlet, dabey das Kind plötzlich sinnlos
ward, im Augenblick erröthete, der Puls schnell, voll und
hart schlug, und die Muskeln um den Mund zitterten.
Dann streckte es das rechte Füßlein, wand die Arme,
ächzte, ward dann wieder stille, und klagte über grausa-
me Schmerzen im linken Fuß und Haupt. Eine andere
seltsame von dieser verschiedenen Erscheinung begegnete,
so oft das Kind zu Stuhle gehen oder das Wasser abschla-
gen mußte. Alsdann erblaßte es, der Puls ward Blitz-
schnell klein, und verlohr sich fast ganz, bis endlich eine
Ohnmacht erfolgte, von der es sich aber bald wieder erholte. Die ehemalige krampfige Anspannung aller Muskeln hat sich überhaupt verlohren, und scheint sich allein
in den linken Fuß gezogen zu haben, welcher gegenwärtig ganz unbrauchbar, schmerzhaft und contract gegen
den Leib gezogen ist, so daß er mit Gewalt eher würde zu
brechen, als zu biegen seyn. Die damit angestellten Versu-
che veranlassen dem Kind jedesmal gichterische Anfälle
und große Schmerzen, desswegen auch das Kind sein Leben so elend auf einem immerwährenden Lager hinter-
bringen muß. Es kann übrigens schlafen, und ißt öfters
mit Appetit, dadurch es noch immer ziemlich wohl bey
Leibe erhalten wird. (Johann Marti M. D.)*

8

Je kleiner sich Anna vorkam, auf ihrem Strohsack, vergessen im Schatten des Glärnisch, um so machtvoller
wuchs sie in den Köpfen, wurde groß und größer,
schwoll ins Ungeheure, eine Riesin, Zauberin mit gefährlichen Kräften.

Dazu trug der Morgen des 10. März bei.

In der Ratsstube, über der im dritten Stock Anna auf dem Strohsack saß, war vom Landschreiber das Visum & Rep. verlesen worden, jetzt trat Doktor Marti vor, gab Antwort auf die oft gestellte Frage, ob er die Krankheit der Anna Maria für Teufelswerk halte? Er hatte die Stellungnahme für einen Freund in Zürich schriftlich abgefaßt:

»Ich wollte fast zugeben, daß der sogenannte Fürst der Finsterniß ein viel zu großer Herr sey, als daß er sich mit dergleichen Kinderspielen abgeben sollte: aber das kann ich nie glauben, daß zwischen St. Michael und Satan auf = und abwärts so erstaunliche Klüfte leer seyn sollten. Ist es nicht möglich, daß es auch in diesem großen Zwischenraum von, uns unsichtbaren, geistigen Geschöpfen wimmelt, welche mit einem freyen Willen würken und gut oder böse seyn können, und so vielleicht wohl oft gar ein Affenspiel mit uns treiben, so wie wir auch gegen niedrige Geschöpfe zu thun pflegen ... Haben wir denn wohl eine vollkommene Gewißheit davon, ob es nicht in den Luftgegenden eine Gattung von Geschöpfen giebt, die weder gute noch böse Engel, noch Seelen abgeschiedener Menschen, sondern von uns und ihnen unterschiedene Mittelwesen sind, halb Engel, halb Mensch?«

Glarus also die Kulisse für die erstklassige Inszenierung einer Haupt- und Zauberaktion, wo Unter- und Überwelten sich regten, machtvoll eingriffen in die Belange der Lebendigen. Zwischengeister verschiedenster Provenienz, kichernd, schabernacktreibend zwischen Wiggis, Schilt und Glärnisch.

Unterteufel, servile Dämönchen, Poltergeister, die dem Wink einer Magd gehorchten; die Hierarchie der sichtbaren Welt setzt sich, wie wäre es anders zu denken, auch im Unsichtbaren fort.

Und dieses machtvolle Wesen saß jetzt bei Wasser und Brot über den Köpfen des Rates.

Gefährlich konnte das werden für die sechzig aufrechten Männer aus Glarus und den Talschaften.

Eine Magd, eine schwache Frau, gewiß.

Aber dahinter lauerte die Verderberin, die, wenn sie der Teufel stach, fertig würde mit sechzig an der Zahl, Hexenblendwerk auf Männer appliciert, die sie je nach Lust und Laune ihrer Manneskraft beraubt oder buhlerisch umgarnt ...

Ob die Anna Göldin denn in Ketten liege? fragte ein Bauer aus Linthal.

Der Weibel nickte.

Bekam dann durch den Vorsitzenden die Ordre, die Sicherheitsmaßnahmen zu verstärken.

Was nütze das schon, sagte der Waffenschmied Freuler. Solche Leute gingen auch durch verschlossene Türen. Sie besäßen das Springkraut, die Schlösser gingen von selbst auf.

Tumms Züg, sagte der Metzger Streiff.

Die Sitzung ging weiter, aber die Anwesenheit der Hexe war zu spüren, es knisterte, Gedanken wurden angefacht, heimliche Wünsche. Einer flüsterte seinem Nachbarn zu, letzte Nacht seien Hexen nackt auf gesalbten Besen durch seinen Traum geritten. Darauf der andere: Der fleischliche Umgang mit einer Hexe steigere die Potenz, das sehe man, mit Verlaub, am Bespiel des Doktors Tschudi, seine Frau sei guter Hoffnung mit dem Elften.

Dann könne also mit den gütlichen Verhören begonnen werden, sagte der Vorsitzende Marti.

Darauf trat der Fünferrichter Tschudi vor.

Bat den Rat, noch »mit der Vornehmung der Examina einzuhalten«. Er wisse, das töne absurd.

Schließlich sei er es, der die Dinge vorangetrieben habe. Aber er wolle um des Kindes willen noch einen Versuch machen. Er habe – und dies von kompetenter Seite – gehört, daß »derlei Leute das von ihnen verderbte wieder gut machen könnten«. Deshalb wolle er die

M. G. H. u. O. höflich ersuchen, *»bey der Göldinn auf gutfindende Weise einzufragen: ob sie das Kind nicht wiederum zu seiner ehevorigen Gesundheit bringen könnte«*, wie der Landschreiber in seinem Protokoll festhält.

Der Umstand, daß der Weibel persönlich das Essen bringt und der ungewohnte Weindunst, der ihr aus dem Krug entgegenschlägt, hat Anna hellwach gemacht.

Ist meine Unschuld erwiesen, Blumer? Oder werde ich verhört?

Der Weibel setzt den Weinkrug auf den Tisch, macht eine bedeutungsvolle Handbewegung.

Vor den Verhören habe man das Kind noch einmal untersucht, es befinde sich in einem jämmerlichen Zustand, könne weder gehen noch stehen. Sein Elend, könnte sie es sehen, es schnitte ihr ins Herz. Er hält inne, aber Anna sitzt stumm da. Der Rat frage nun im Namen des Doktor Tschudi an, ob sie helfen könne?

Da sagte Anna gepreßt: Wie soll ich dem Kind helfen können? Ich habe ihm nichts zu Leid getan.

»... darüber er, Landweibel, ihr versetzet habe, daß sie ohne Zweifel die Thäterin des dem Kind zugefallenen Übels sey, und wann sie die Wahrheit hinterhalte, so werde sie durch den Scharfrichter angegriffen werden ...«

Anna hat sich erhoben, steht im Halbdunkel, atmet rasch und laut.

Der Landschreiber drängt. Ihre Strafe, käme sie der Bitte entgegen, falle gewiß milder aus.

Anna seufzt. Erbittet sich eine Nacht Bedenkzeit.

Dieses jähe Stillstehen aller Gedanken.

Bis hier und nicht weiter.

Gehetzt über Hügel, Höhen und Kuppen, atemlos schließlich das Gefühl zurückkehrender Sicherheit. Da öffnet sich ein Abgrund.

Die Methoden der Verfolger sind ausgeklügelt.

Bärenfallen mit Reisig bedeckt, Gruben, Tellereisen.

Trotz der fortschreitenden Nachtstunden ist sie klarsichtig. Erkennt die Ränder der Falle, inspiziert sie, blickt durch die Reisigtarnung in die Tiefe.

Schon deutlich am Ohr das Keuchen der Verfolger.

Kein Schritt nach vorn, keiner zurück.

Sagt sie nein, holt man den Scharfrichter.

Sagt sie ja, werden sie triumphieren: Sie hat das Kind verdorben, deshalb kann sie es heilen.

Wie eine Maus zum Speck hat sie sich nach den Mangeljahren ins Garnerland verrannt.

Zwei, dreimal ist sie zurückgekehrt.

Jetzt sitzt sie in der Falle.

9

Die Dreckjahre in Sax hätte sie nicht überlebt, wäre ihr nicht die Ahnung aufgedämmert, daß es noch Dinge gab, von denen sie kaum zu träumen wagte: reiche Städte, Goldflußtäler, Pennsylvania.

Nach der Flucht hatte sie Katharina zu den Gebärenden und Kranken begleitet, im Werdenberger Schloß hatte die Vögtin Anna für Katharinas Gehilfin gehalten. Anna helfe, bis sie eine neue Stellung gefunden habe, sagte die Hebamme, aber hierzulande seien die Herrschaftshäuser dünn gesät. Da meinte die Vögtin: Im Glarnerland, wo sie herkomme, gäbe es genug reiche Leute. Sie solle sich an ihre Verwandten wenden, die Pfarrerin Zwicki in Mollis, die habe einen kranken Mann, halbwüchsige Kinder, suche eine tüchtige Magd.

Das Zwickihaus: fünfstöckig, burgartig, ein Wachturm, von dem aus kontrolliert werden kann, wer sich talein, talaus begibt. Auch das Innere, wie es sich eine Magd erträumt: Schüsseln für die verschiedensten Speisen, Silberbesteck, damastenes Tischtuch. Oase in der Not der frühen siebziger Jahre, wo man Getreide aus Ägypten kaufen muß, es auf den Schultern über Bellenz und Chiavenna über die Pässe trägt. Die Armen ernähren sich von Spaltgras. Frau Zwicki teilt an der Hintertür Almosen aus.

Eine milde Herrschaft. Das Wirtschaftsgeld braucht man nicht zweimal umzudrehen. Jungfer Anna, was darf es heute sein? Vom Besten? Ein bißchen mehr? Man wirbt über den Ladentisch um ihre Gunst. Die Magd sonnt sich im Glanz der Herrschaft.

Am Wohl- und Übelstand der Herrschaft herzlich Anteil nehmen, Anna, hat Frau Zwicki am ersten Tag gesagt. Sich ihre Wohlfahrt, Ehre, Ruhe, Sicherheit, Gesundheit mehr als alles andere angelegen sein lassen. Sie hat es Lavaters Sittenbüchlein für das Gesinde entnommen. Am Ansehen einer honorablen Familie teilnehmen. Zu ihnen gehören, wenn auch nur aus der Perspektive der Küche.

Warum denn die Anna in der Küche esse, fragt Dorothee.

Frau Zwickis Wangen ziehen sich zusammen, ein rosafarbener Hauch überzieht ihr rundliches, von weißen Haarwellen umrahmtes Gesicht. Gottgewollte Unterschiede, Kind. Wer sie verwischt, handelt wider die Ordnung. Halte Ordnung, dann hält sie dich. Wer sie aufhebt, fällt.

Als Anna den jungen Herrn, der in den Semesterferien nach Hause kam, das erste Mal gesehen hat, ist sie über die Zinnsoldaten seines Bruders Balz gestolpert. Mit rotem Kopf hat sie sich beim Aufrichten am Kachelofen gehalten mit der Inschrift: Johann Heinrich Zwicki, Gott gäb Glück.

Da war er also. Sie kannte ihn von seinen Briefen her, die von solcher Delicatesse waren, daß sie sich Frau Zwicki während der Mahlzeiten vorlesen ließ:

»Die Frau Mama möge Achtung geben auf ihro Gesundheit, nicht zu lange ausgehen, gegen cathar Mandelöl und antispasmatisch Pulver gebrauchen ...«

Dorothee las die Stelle zum zweiten Mal, die Frau Mama tupfte mit dem Spitzentaschentuch über die Augen. Melchior schilderte Szenen aus dem Göttinger Studentenleben, griff heraus, was die Mama interessierte, sparte aus, was nicht ins Genre paßte.

»... auf Buchholz gegangen für ein Déjeuner champêtre, die allhier, seit man Rousseau und Geßner liest, à la mode sind, die Damen mit breitrandigen, gelben Strohhüten wie Schäferinnen, und ein Tischleinen wird auf dem Gras ausgespreitet mit köstlichen Sachen, die in Körben mitgebracht worden von den Mägden der Frau Amtsrat Fellinger, mit den angenehmsten Empfindungen saß ich da, sah die Lämmlein und Bäche springen und doch erkannte alles als superbes déguisement, gedachte mit lebhafter Sehnsucht der Heimat, halte es mit Rousseau mit der Innigkeit, Simplicität des Landvolks ...«

Ein Dichter könnte er werden, würde er nicht Arzt studieren, meinte Dorothee.

Anna bedient ihn am Tisch, er ist anders als seine Geschwister, scheu, von eher schmächtigem Körperbau. Sie fühlt den Blick der dunklen, schwärmerischen Augen auf sich ruhen, wenn sie Brot für die jüngeren Kinder schneidet. Jetzt, im April, solle er noch einen Schal tragen, im Windschatten der Mauer lesen, empfiehlt Frau Zwicki, erwähnt seine chronische Bronchitits, seine delikate Gesundheit. Melchiors Augen wandern über den Rand des Buches, wenn Anna sich reckt unter der Wäscheleine im Obstgarten, flatternde Wolken hängt in diesen von blauen Strömungen durchzogenen Föhnhimmel als sie einen Zuber mit nasser Wäsche schleppt, springt er auf, nimmt ihr die Last ab.

Aber nicht doch ...

Sie wehrt ab, wird rot.

Erschrickt sie, daß er in ihr den Menschen, die Frau

sieht, kein Wesen zweiter Klasse? Er hat sich in Göttingen mit den Gedanken der englischen Revolution befaßt, den Ideen des unzufriedenen Frankreichs.

Er setzt den Zuber ab. Über den Spalierbirnen, am offenen Fenster, hört man Dorothee auf dem Spinett spielen.

Südwind, gefangen im Mauergeviert. Zitternde Lichtkringel, die Leintücher bauschen sich, Annas Haube bekommt nach oben gebogene Flügel.

Ein Sonnenstrahl macht ihr linkes Auge heller, ihre Blicke begegnen sich. Dieses Aufeinanderzuflattern, auf welches Ziel hin, unter diesem fahrigen, vom Wind bewegten Himmel, der blaue Löcher aufreißt, mit milchigem Gewölk wieder schließt.

Ein Fensterflügel wird aufgestoßen, Frau Zwicki ruft nach dem Sohn, der Vater hat eine seiner Herzkrisen, dieser Föhnwind wirft alles, was sich für stabil hält, aus dem Gleichgewicht. Melchiors Buch bleibt offen auf der Mauer liegen, Anna liest im Vorbeigehen die angestrichene Stelle:

». . . so viel Einfalt bei so viel Verstand, so viel Güte bei so viel Festigkeit, und die Ruhe der Seele bei dem wahren Leben und der Tätigkeit . . .«

Das Buch sei unlängst erschienen, erklärt er ihr später, der Autor: Goethe. Er liest, während er den Inhalt rekapituliert, in ihrem Gesicht. Der ausdrucksstarke, beseelte Blick. Der vollippige, doch zuchtvoll geschnittene Mund. In diesem Harmonie, Verhaltenheit ausdrückenden Oval.

Er zieht sie ins Gespräch, bewundert ihre Art, frei zu antworten, ihre Anliegen ruhig vorzubringen, ihren beweglichen, munteren Geist.

In einer Aufwallung von Trotz gegen die Convention steckt er ihr das Buch zu. Sie liest darin eine Nacht lang, die Buchstaben gewinnen, da sie ungeübt ist, nur langsam Sinn, Tränen lassen sie zeitweise verschwimmen.

Die Pfarrerin merkt es wegen der heruntergebrannten Kerzen, tadelt Melchior, das Buch eines Freigeists (sie kennt es vom Hörensagen) sei schon für eine Frau von Stand ungebührlich, geschweige denn für eine Magd. Lavater solle sie lesen, wenn überhaupt.

Sie schenkt Anna eine Ausgabe von Gebeten und Psalmen.

Anna mag Lavaters Psalmen nicht, sie sind zugekleistert mit Worten, in die Zwangsjacke des Versmaßes gezwängt. Psalmen in ihrer herkömmlichen Form, mit denen sie lesen gelernt hat, sind ihr lieb, ein kräftiger Fluß, der sie mitreißt: Ich will dich lieben / o Herr / der du meine Stärke bist. Der Herr ist meine Feste / und meine Zuflucht / und mein Erlöser / Mein Gott / mein Helfer /ich will auf dich hoffen . . .

Was sie in der Jugend auswendig glernt hat, ist ihr eingegangen in Fleisch und Blut, ein Notvorrat, von dem man zehrt in einer Nacht wie dieser.

Trost der Religion.

Als Sechzehnjährige hat sie ihn zum ersten Mal gespürt, im Konfirmationsunterricht in Meyenfeldt.

Einmal sich hinsetzen dürfen, im Kreis Gleichaltriger, eine Wohltat schon das, wenn man sich sonst von früh bis spät plagen muß in Haus und Stall.

Der Pfarrer sprach vom himmlischen Jerusalem. Anna hing an seinen Lippen. Erbauung, Trost – Jesu Christe, hör mein Schmachten / höre mich, mein Seelenfreund / solltest du ein Herz verachten / das nach deiner Seele weynt? – vermischt mit irdischen Sehnsüchten, denn von der Knabenseite, wo sich das Fenster in den von Kastanienbäumen bestandenen Hof öffnete, flogen ihr Blicke zu. Die Mädchen taten, als sähen sie es nicht, tauschten Bildchen aus mit Sprüchen, Papierspitzen: Für Anna, Andenken an die liebste Freundin. O, die redlichen Entschlüsse und Vorsätze! Das Leben wurde lockerer, durchsichtiger nach oben hin.

10

»Am Morgen des 11. Märzen ist nun der Landweibel zur Arrestantin neuerdings hingegangen, sie zu erinnern, was sie sich nun über die Sache gedacht habe, … worauf die Anna gesagt, man solle das Kind in Gottes Namen bringen, sie wolle ihm mit der Hilf Gottes und dem Beistand des H. Geistes helfen; dabey geseufzet und geklaget,: o wie ein unglücklich Mensch ich bin.«

Der wievielte ist heute, Blumer?

Der 11. März.

Neun Jahre alt ist das Kind, auf den Tag. Vor einem Jahr hat sie ihm einen Kuchen gebacken, acht Kerzen darauf gesteckt.

In der Morgenfrühe hat sie mit klammen Fingern das Feuer im Herd angezündet.

Plötzlich ein Schrei.

Anna Migeli steht auf der Schwelle, barfüßig, im Hemd. Anna, du brennst!

Das Kind starrt auf Annas Haar, das lodert im Widerschein der Flammen. In ihren Augen ist ein Funkeln wie bei der Katze, bevor sie die Beute anspringt.

Anna sieht das Kind zittern, geht zu ihm hin, spürt seinen Puls im Handgelenk.

Hast Angst gehabt?

Das Kind nickt. Deine Haare voller Feuer! Ein Fidiputz, der's Haus anzündet. Und dann trägt der Föhn die Schindeln davon, und die Pressi brennt, die Kirche, das Schützenhaus …

Dummes du.

Sie streicht ihm mit der Hand über den Kopf, bis es sich beruhigt. Es blickt zur Magd empor, die ihm jetzt, mit dem Feuerhaken in der Hand, größer vorkommt, Anna, der die Flammen gehorchen.

Im Umgang mit dem Teuflischen, sagt der Camerarius, hält man sich am besten an einen höflichen Ton, ans Zeremonielle. Der 11. März ist ein Freitag, Geburtstag des Kindes, der Rat hat beschlossen, das »beschädigte Töchterlein des gedachten Herrn Doctor Tschudi« zur Nachtzeit zum Rathaus zu bringen.

Weibel, die Läden müssen geschlossen werden, die Türen verriegelt. Keine brennenden Kerzen im Leuchter, der halb Fischweibchen, halb Justizia ist. Ein einziges Licht, das auf den Boden gestellt wird.

Die Herren Examinatoren, die Herren der Ehrencommission bezeugen durch Handaufheben ihre Schweigepflicht.

Knisternde Erwartung.

Der Schützenmeister bringt das Kind herein, umschließt es mit seinen Armen, dem mütterlich geneigten Kopf mit den Kummerfalten auf der Stirn, den abstehenden Ohren. Welche Hingabe. In der Mitte der Ratsstube, das Kind auf dem Schoß, nimmt er Platz.

Noch fehlt die Hexe, aber man hört Schritte nahen, das Rasseln der Ketten.

Mitgenommen sieht die Anna aus, gar nicht wie eine Hexe; Blendwerk, das durchschaut man. Sie ist immer noch ein stattliches Weibsstück, es müßte eine Lust sein, an ihr die Hexenmale zu suchen, die der Teufel an versteckten Stellen zu applicieren pflegt, um seine Buhlschaft zu besiegeln. Der Scharfrichter wird das machen. Aber soweit ist es noch nicht.

Der Fünferrichter tritt vor, bittet Anna förmlich, dem Kind zu helfen. Aufforderung zum Gegenzauber. Ob sie dazu Kräuter, Medikamente brauche? (Man weiß ja, daß dergleichen Leute sich der Kräuter bedienen, schon Homer erzählt vom Zauberkraut Moly, das Helena dem Telemachos in den Wein gegeben hat; das Johanniskraut schlägt den Teufel in die Flucht, Farnsamen machen den Träger unsichtbar, Schreckkörner, die Samen der Pfingstrosen, nehmen Kindern die Furcht, oder gar Alraun, die menschenähnliche Wurzel, die unter dem Galgen wächst, aus dem Harn des gehängten Diebs . . .)

Sie brauche nichts, sagt Anna. Vertraue ihren Händen, dem Gebet.

Die Herren der Ehrencommission tauschen vielsagende Blicke.

Aber Anna achtet nicht darauf, sieht nur das Kind, sein bleiches Gesicht mit dem flattrigen Blick, das an den Leib gepreßte, verkrümmte Bein, ihre Worte werden vom Schreiber protokolliert:

»Du liebes Kind, ich habe gemeint, es fehle dir nur inwendig, ich habe nit gemeint, daß du so ein Beinli hägest, mit mehrerem.«

Mit Befriedigung registriert man das Mitleid in ihrer Stimme, ihrem Gesichtsausdruck. Man spricht ihr zu. Es werde ihr gnädiger ergehen, wenn sie das Beschädigte wiedergutmache.

». . . hat die Anna Göldinn das linke ungesunde Beinlein des Kindes betastet, aufgelupft, und so hin und her drückend gegriffen unter Hersagung etlicher geistlicher Seufzer . . .«

Die auf den Boden gestellte Kerze verleiht der Anna ein dämonisches Aussehen. Über dem Kopf des Schützenmeisters die Justizia mit ihrem Meerweibchenlächeln. Ausgerechnet unter diesem zwielichtigen Weibsbild läßt man Eide schwören. Die Schatten der Ehrencommission werden selbständig, klettern die Wände hoch, gekrümmte Köpfe, spinnenbeinige Glieder an der Decke.

». . . hat Herr Schützenmeister, als Halter des Kindes, gesagt: er gewahre, daß das Beinlein sich strecke, auch würklich einiges Leben sich darein gezeiget habe, wo es vorher immer sogar in den gichterischen Anfällen starr und unbeweglich gewesen . . .«

Zwei Stunden lang dauert der Heilungsversuch. Annas

Gesicht schweißüberströmt über dem kranken Bein, ihre Hände verweigern den Dienst. Die Ehrencommission bemerkt erstaunt: Wie ein Lamm hat das Kind stillgehalten, sich von der Anna plagen lassen, noch tags zuvor hat es bei Doktor Martis Untersuch für das Visum & Rep. bei jeder Berührung aufgeschrien, ausgeschlagen mit dem gesunden Bein. Anna wird gegen elf Uhr nachts wieder an die Kette gelegt, in ihr Verlies geführt.

Am Abend des 12. und 14. März wird der Heilungsversuch im Rathaus wiederholt.

Der Weibel berichtet, *»daß das Beinlein ein wenig länger und gräder sey«*, aber das Kind könne noch nicht gehen und stehen. Sie wolle es noch einmal versuchen, dort nämlich, wo das Übel seinen Ausgang genommen, in der Tschudischen Küche, schlägt Anna vor.

Dienstag, den 15. März, nachts um elf Uhr wird sie vom Rathaus unter den Lauben durch zum Tschudihaus geführt, *»unter anbefohlenem Gebrauch aller Vorsichtigkeit, damit das Mensch nicht entwischen könne«*. Der Landweibel zur Linken. Der Schützenmeister zur Rechten. Ein Läufer vor, ein Läufer hinter ihr. Kein gefährlicheres Subjekt hat man je durch Glarus geführt, während der Mond zwischen Gewölk über der Schwammhöhe aufgeht, die Kieswege im Tschudischen Garten schimmern läßt, von den Eiben weht Zimtgeruch herüber. Durch den hintern Eingang in die Küche.

Anna verlangt, daß niemand zugegen sei außer dem Schützenmeister und Landweibel Blumer. *»Darauf die Göldinn die allda befindliche Sidelen (Stuhl) genommen und vor das Tischchen in der Küche gestellt, mit den Worten: Das ist wol eine unglückliche Stund gsin, da ich und du mit einander uneins geworden sin.«*

Anna zieht dem Kind das Strümpflein aus. Dieses jämmerlich verkrümmte Bein, der contracte Fuß. Sie will das Kind heilen, in dieser Nacht alles daran setzen.

»Komm in Gottes Namen, Anna Migeli, wann ich schon

bey den Leuten eine Hex seyn muß, so will ich dir doch
helfen, und dir nüt böses thun ...«

Anna packt stärker an. Der Weibel berichtet später,
ihm sei vorgekommen, als sei das Bein unter dem Drük-
ken, Drehen, Greifen zu Wachs geworden. Sie zieht es in
die Länge, *»... in welcher Verrichtung ein starkes Knallen*
und Krachen von dem Bein gegangen, fast so stark, als
wann man tannenes Holz brennt ...« Die Horcher an der
Tür haben den Knall gehört, stürzen herein. Das Kind
wird auf den Boden gestellt, es steht allein, kann, wenn
auch noch geführt, hin und her gehen.

Die Mitglieder der Ehrencommission, die Eltern des
Kindes, der Weibel, der Schützenmeister staunen über die
»Kunstkraft« der Anna. Ob sie denn nicht noch in die
Kammer hinauf müsse mit dem Kind, damit alles gut
werde? drängte der Schützenmeister. Das Kind sage, dort
habe es das Leckerli bekommen.

In Gottes Namen, so gehen wir halt hinauf, sagt Anna.
Die Inszenierung überläßt sie dem Schützenmeister. Auf
dem Bett in der Kammer nochmals die gleichen Berüh-
rungen. Ob nicht der Vollständigkeit halber noch einer
dabeisein müsse?

Anna weiß von nichts.

Das Kind sagt, auf Drängen des Schützenmeisters, aus,
»der Ruodeli Steinmüller ist noch da gsin ...«

Darauf die Anna: *»Das ist jetzt eben auch ein Ings-*
pünst« (Hirngespinst).

Anna ist nach der Prozedur erschöpft und verschwitzt.
Doktor Tschudi und die Ehrencommission dulden sie
noch eine Weile in der Stube, an einem Nebentisch wird
ihr etwas zu trinken hingestellt.

Sie staunen über die Kunstkraft der Anna, Vetter Privatlehrer und Apotheker. Achtzehn Wochen lang ist das
Kind krank gewesen; der Vater, der als knausrig bekannt
ist, gibt zu seiner Heilung ein halbes Vermögen aus, holt

den Marti, den Irmiger . . . und am Ende kommt die Anna, und schon ist das Kind geheilt.

Hat es der Anna genützt?

Nein. Die Leute halten sie für eine Hexe.

Kann einer mehr, hat er es mit dem Gottseibeiuns.

Der Teufel kommt ihnen gelegen.

Aber dem Kind glauben sie.

Es braucht nur den Mund zu öffnen, statt Stecknadeln Wörter zu spucken, das quillt und quillt aus ihm heraus, erlogener, erstunkener Brei.

Worte, vom Schützenmeister ins Ohr geträufelt, eingeblasen von diesem schlitzohrigen, großohrigen Schalmeienbläser, der den Lügen auf die Beine hilft, das Böse an das Gute verkuppelt. Händereiber, Speichellecker, wäre er bei seinen Schützenscheiben geblieben, der Wichtigtuer. Aasgeier, der sich von Tränen nährt, von den Seufzern, dem Gestöhn der Tschudin. Der Irmiger hat ihm weisgemacht, auf seinem Rücken sei eine geheime Chiffre, die werde erst beim Weltuntergang offenbar.

Ob das Kind jetzt ganz gesund sei?

Magengrimmen habe es noch, läßt Doktor Tschudi durch den Weibel der Anna bestellen.

Immer neue Hürden, vertrackte Aufgaben.

Das ist wie bei den siebenteiligen Proben im Märchen, eine Spirale, in deren Mitte man sich selbst erlöst.

Der Herr Tockter solle die Ingredienzen für ein Laxier bereitstellen, sie wolle den Trank selber kochen, dem Anna Migeli verabreichen.

Auf dem Bett in der Kammer? Warum nicht.

Im Stuhlgang geht ein gelber Samen fort, Nägelsamen, den Doktor Marti eingehend prüft und ihn für nichts anderes als eine *saburra intestinorum* hält.

11

Im Netz ihrer Fragen hängen, zappelnd sich befreien wollen, indem man sich immer auswegloser verstrickt.

Am 21. März das erste gütliche Verhör.

Harmlos plätschernd fängt es an, Auskunft über ihre Person, vierundvierzig oder fünfundvierzig sei sie (die Differenz von 34 zu 82 auszurechnen ist nicht jedermanns Sache, zumal das Schulprogramm vor der Revolution weder in Sennwald noch Glarus Rechnen umfaßt). Aus der Crüzgaß in Sennwald sei sie, der Vater Adrian, die Mutter die Rosina Büeler.

Nein, sie habe keine Guffen in die Milch gelegt, mit ihren Händen jedenfalls nicht.

Die Inquisitoren schauen sich an.

Man hat, in Voraussicht, daß die Inquisitin leugnet, eine »Interrogatia« zusammengestellt nach einer bewährten »General- und Special-Instruction« aus Bayern, die sich wiederum auf den »Hexenhammer« bezieht, speziell auf diesen den Juristen gewidmeten Teil, Kriminalkodex über die Arten der Ausrottung.

Schon jagen sich die Fragen im Kreis.

Sie könne nichts sagen, wegen der Guffen. Müsse annehmen, der böse Geist habe sie gezwungen. Sie blickt zum Fenster, Nebelschwaden ziehen dem Glärnisch entlang, sammeln sich an den Vorsprüngen.

Der böse Geist, Anna.

Heiz stülpt die Lippen vor, seine Augen blicken lüstern. Anna fürchtet, ihre Phantasie reiche nicht aus, die Herren zu befriedigen. Besser gleich kehrtmachen.

Sie macht eine Denkpause, die aktenkundig wird.

Dann sagt sie mit einem Seufzer: In Gottes Namen, ich habe die Guffen in die Milch getan.

Regen trommelt an die Scheiben. Der Landvogt Altmann, ein noch rüstiger Sechziger, breitet ein riesiges Taschentuch aus, schneuzt sich.

Vier Stunden, bis in die Nacht hinein, hat das erste Verhör gedauert, das zweite knüpft am nächsten Morgen nur scheinbar an die Fragen vom Vortag an. Von den Stecknadeln in der Milch macht das Protokoll übergangslos den Sprung zu den hundertundsieben Guffen im Leckerli.

»Ob sie kanntlich sey, diese Sachen dem Kind eingegeben zu haben?

Ja, sie sey kanntlich.

Wann und wie?

Eben an dem Kilbisonntag, wo die Frau in des Lt. Bekkers gewesen sey.

Wo?

Auf des Hrn. Doctors Magdenkämmerli oben, wie es das Kind gesagt habe, da sie Inquisitin auf dem Bett gesessen sey.

Auf was Weis und Art?

Eben in einem Leckerli.

Woher sie solches bekommen?«

Kubli vermerkt im Protokoll, daß Anna staunt. Das Staunen dehnt sich aus, über eine Stunde lang verweigert sie die Antwort. Heiz steht mit dem Rücken gegen die Inquisitin am Fenster, Kubli schärft am Schreibertisch den Gänsekiel. Anna steht verstockt, starrt auf die Schatten, die sich unter den Möbeln sammeln.

Man riecht ihren Angstschweiß. Heiz reißt das Fenster auf. Es regnet in Strömen, erdiger Geruch dringt ins Verhörzimmer. Moosigkühl, grabfeucht ganz Glarus.

Die Erde, aufgeweicht vom tagelangen Regen, gluckst und schmatzt, zieht alles Lebendige nach innen, bis es überwuchert ist von Moos. Einge gute Verdauung hat die Erde, was die sich schon alles einverleibt hat, Generationen von Erdenbürgern, sang- und klanglos, aber daran nehmen die Überlebenden keinen Anstoß. Wie sie anmutig, mit bloßen Füßen, über diese gefräßige Erde dahinlaufen, das Herz muß sich einem im Leib zusammenziehen bei so viel Ahnungslosigkeit . . .

Also, Anna?

Wenn sie nicht antworte, müsse sie der Scharfrichter angreifen.

Sie seufzt, sagt: Steinmüller habe ihr das Leckerli gegeben.

Darauf Heiz: »*Man gewahre an Ihro, daß sie immer so staune: ob sie etwa dem Steinmüller mit ihrer Angabe Unrecht thue?*«

Darauf Anna: »Sie wisse nicht, was sie thue.«

Man liest ihr die Aussage noch einmal vor. Sie erklärt, sie müsse von ihrer Aussage abstehen: Steinmüller habe ihr das Leckerli nicht gegeben. Sie habe es vom Teufel. Begierig greift man das Gesagte auf.

In welcher Gestalt derselbe aufgetreten sei?

In einer leiden (wüsten) *Gestalt.*

Ihr Gesicht ist schweißgebadet, sie bricht zusammen. Man führt sie ins Gefängnis zurück.

Bis zum nächsten Verhör ein paar Tage Ruhe.

Ende März nehmen die Felsen des Glärnisch die wachsende Helligkeit der Tage auf, die Schatten gewinnen an Tiefe, bekommen jenen Stich ins Violette, der die Leberblumen erinnert, die man um diese Zeit zwischen vorjährigem Laub am Waldrand von Ennetbühls pflückt.

Immer wieder hat Melchior von den Bergen geschrieben, fast in jedem Brief, der aus Göttingen kam. Aus einem war ein Schattenriß zu Boden geglitten. Anna hat sich schnell gebückt, Melchiors Profil betrachtet, das Bild dann Frau Zwicki gereicht.

Es ziehe ihn von den Büchern weg in die Berge, eben habe er Hallers treffliches Poem gelesen. Bergsteigen wolle er, seien die Examen endlich vorbei.

Noch vom Kalbsbraten, Frau Pfarrer? Anna balancierte die Silberplatte.

Frau Zwicki winkte ab: später.

Bergsteigen sei gut wegen der Körperübung, der geistigen Erquickung: Welche Lust, welche Wonne für ein empfängliches Gemüt, die unermeßlichen Gebirgsmassen staunend zu betrachten ...

Er schreibt superb. Dorothee hielt im Lesen inne.

Das Geschriebene scheine ihr ein Zitat zu sein, sagte die Frau Mama.

Geßner, wenn sie sich nicht täusche.

Für Anna tönte alles in Melchiors Briefen wie aus Büchern abgeschrieben. Sie dachte das voller Bewunderung.

Das Herumstreifen in den Bergen nahm dann, schon in der zweiten Ferienwoche, ein jähes Ende; die Lungenentzündung, behauptete die Pfarrerin, habe sich Melchior beim Baden im Eiswasser des Klöntalersees geholt.

Zur selben Zeit brach der Pfarrer eines Morgens zusammen. Während man ihn zu Grabe trug, lag Melchior mit hohem Fieber in der Kammer, schwebte in Lebensgefahr.

Frau Zwicki, von Nachtwachen erschöpft, verlor die Nerven.

Anna übernahm Melchiors Pflege.

Tage, um die alles gerinnt. Das Gesicht des Kranken ist spitz geworden, sein Körper hinfällig. Klaglos liegt er da, in der vom Julilicht ausgeleuchteten Kammer, still, als vollziehe sich mit dem Schwinden seiner Kräfte etwas Feierliches. Sie überlegt, ob es Kranke gibt, die süchtig sind, an diesem Spiel des Dahinschwindens teilzunehmen. Ihre Mutter war schwindsüchtig. Der Arzt hat wenig Hoffnung.

Während der Krisentage weicht Anna nicht vom Bett. Das Fenster ist sperrangelweit offen, aber die Juliluft lastet, eine unbewegliche Säule, über dem Geviert des Obstgartens. Die Malven stehen schattenlos, ohne das übliche Insektengesumm. Dieses Licht, das sich zwischen den Bergen weißlich auflöst, schneeblind macht. Etwas Überirdisches ist in diesen Tagen.

Anna paßt auf, daß sich kein Vogel dem Fensterbrett

naht, bleibt einer sitzen, ist der Kranke am Morgen tot. Die Krise geht vorbei.

Anna faßt nach Melchiors Hand, die schlaff vom Bett hängt, netzt sie mit Tränen.

Tage, Wochen, in denen das Leben zurückkehrt, die Bäume, Sträucher im Garten ihre Schatten zurückgewinnen.

Als sie ihm eines Abends das Essen bringt, zieht er sie an sich.

Sie entwindet sich ihm, weicht aus.

Warum? fragt er. Ein Anflug von Unwillen im Gesicht. Sie schweigt. Kann, was sie fühlt, nicht in Worte fassen. Er hingegen ist ein Meister der Worte. Sagt Sätze wie: Liebe fragt nicht nach Unterschieden, aufgezwungen durch eine Gesellschaft, die verachtet wird von den großen Denkern. Die dem Untergang geweiht ist, Anna.

Oder: Wenn ich an die gezierten, verschrobenen Töchter von Stand denke, an ihre Launen, die von französischen Brocken durchsetzte Sprache!

Von Tag zu Tag wird ihm klarer, daß er sie begehrt. Daß sie ein Stück älter ist, was kümmert ihn das.

Etwas Stilles ist in ihr, das in ihr ruht, nach innen wächst.

Fünferrichter, Neunerrichter, Chorrichter, Gnädige Herren des Dreifachen Rates! So viele Vogelsteller, wo sind die Vögel? Da ist ihnen endlich ein rares Exemplar ins Netz geraten, eine echte Hexe, die sich im Winkel des Glarnerlands verflattert hat. Die Richter umzingeln sie, sehen sie zappeln, sich immer tiefer verstricken in den Maschen. Halali! Auf zur Hexenjagd.

Die Dorothea träumt, daß sie mich hinter Schloß und Riegel bringen, Vetter Privatlehrer und Apotheker. Sie schläft schlecht, ich will ihr eine Tisane machen aus 6 Unzen Süßholzsirup, 3 Unzen Melissenwasser, einer Unze Cremor Tartari. Um die Gitter, die Eisenstäbe in meiner Werkstatt macht sie einen großen Bogen. Es hat sie erschreckt, daß die Anna das wirre Zeug mit dem Leckerli nachgeplappert hat und mich als vermeintlichen Zukkerbäcker in die Affaire gezogen.

Ich habe gewußt, daß die Anna wieder zur Vernunft kommt, ja, sie hat alles widerrufen, gottseidank, Vetter. In der Angst schlägt eben nicht nur der Hase Haken. Nein, bei meiner umfangreichen und renommierten Verwandtschaft werden sie nicht wagen, mich einzusperren. Ein Steinmüller ist schließlich keine dahergelaufene Magd. Sogar der Landammann sagt vom Pfarrer Jakob Steinmüller in Matt, er hätte ein Minister, ein General, ein Haller werden können in der Welt draußen. Ein Sprachgenie ist er, dabei bescheiden. Und dann die Lehrerdynastie Steinmüller in Glarus, von der Ihr, Vetter, schon das fünfte Glied und Glanzlicht seid ...

Der Apotheker lacht.

Sonnenstrahlen durchweben den Raum, die Messingwaage blinkt. Da wird die Türe mit energischem Ruck aufgerissen.

Im Namen des Gesetzes.

Schlosser und Apotheker starren auf den Läufer in den Landesfarben.

Auf Befehl der M.G.H.u.O. habe er Steinmüller *ab instante* aufs Rathaus zu bringen.

Das sei ein Irrtum, gewiß. Die Anna habe doch widerrufen.

Der Läufer, ein hochaufgeschossener Mensch mit pickligem Kinn und einem Haarbeutel auf dem Rücken, schüttelt den Kopf.

Im Verhör von heute morgen habe die Göldin alle Anschuldigungen gegen seine Person neu bestätigt. Die Sache müsse hochobrigkeitlich untersucht werden.

Aber die Dorothea ...

Die wisse Bescheid, er habe den Schlosser zuerst in der Abläsch gesucht.

192

Geht, Vetter, redet ihm der Apotheker zu. Ihr seid ein gut beleumdeter Bürger. Die Unschuld wird sich Gehör verschaffen. Sonst würden die Steinmüllerschen Anverwandten zu Hilfe kommen, wenn auch nicht mit so polternden Auftritten, wie sie die Tschudischen zu machen pflegten ...

Zum ersten Mal vertritt der Läufer ohne seinen Vorgesetzten Blumer die obrigkeitliche Gewalt, es ist eine zufriedenstellende Demonstration gewesen. Aber jetzt ärgert ihn, daß der Schlosser dem Aufgebot krummbeinig, mit kurzen, zappeligen Schritten folgt. Er sieht sich gezwungen, seine gravitätische Gangart, die bei den Mädchen Eindruck macht, aufzugeben und sich anzupassen. Dieses mickrige, nach Knoblauch stinkende Männli, das er durch die Straßen von Glarus der Justiz entgegentreibt! Nur Hunde und Mägde drehen sich um. Kaum Zufall, daß am Morgen dieses 29. März Doktor Tschudi auf dem Rathaus einen Besuch abstattet, »mit seinem nun völlig restituirten Töchterli, welches zu M. G. H. u. O. gerechtem Erstaunen und nicht minderem Vergnügen ohne Schwierigkeit und ohne Nachhülfe die Rathsstube ihrer ganzen Länge nach durchschritt.«

Steinmüller bekommt gerade noch das Ende der Aufführung mit. Das Kind im roten Samtkleid, den Kopf voll Löckchen, von der Magd mit dem heißen Eisen eingebrannt. Verbeugung vor dem Vorstand des evangelischen Rates. Kußhand für die M. G. H. u. O.

Da und dort schimmern auf den bäurischen Gesichtern Tränen der Rührung.

Du meyner Seel. Es geht. Ohne Beihülfe.

Das Kind verdanke seine wiedererlangte Gesundheit dem energischen Eingreifen der Justiz, erklärt Tschudi. Der Segen mutigen Handelns. Selten erlebe man ihn so handgreiflich.

Von der Anna ist nicht die Rede.

Jedoch der Clou steht noch aus.

Tschudi beugt sich über das Töchterchen, fordert es auf, im Saal den Mann zu finden, der ihm das Leckerli am Kilbisonntag gegeben habe.

Die Stille des Hochseilakts beim Cirkus.

Die hellen Augen des Kindes, der Blick, der durch Reihen wandert, eine Spur legt.

Jetzt kommt er auf Steinmüller zur Ruhe, der zwischen Läufer und Weibel unter der Tür steht.

Das Mädchen geht durch die sich teilende Menge auf ihn zu, mit tänzelnden Bewegungen, das rote Röckchen wippt.

Der da.

Während Steinmüller abgeführt wird, erklärt Tschudi, der Aussage seiner Frau nach habe das Kind den Schlosser noch nie gesehen.

Ist dies möglich in einem so kleinen Flecken? Staunendes Gemurmel, Fragen, Einwände.

12

Diese jähe Angst, die einen aushöhlt, bis nur noch eine dünne Fassade von der übrigbleibt, die man einmal war.

Die Fragen der Examinatoren sind bis ins Letzte ausgeklügelt, ein Fangnetz, nach dem Muster »der Interrogatia« ausgelegt, unterstellende Aussagen mit den zulässigen Fragen nach dem Wo und Wann.

Sie hält inne, wittert, sucht das Ziel, das die Fragen der Inquisitoren schon kennen, bevor die Antwort gegeben ist.

Gejagt, schlägt sie Haken.

Beschuldigt Steinmüller. Dann den Teufel. Dann wieder Steinmüller.

Beharrt auf dieser Aussage, obwohl Steinmüller, der in der Nachbarzelle sitzt, am 30. und 31. März während zweier scharfer Verhöre resolut erklärt, er wisse nichts von der Sache, sei seit Jahr und Tag nicht mehr in dem Tschudischen Haus gewesen, habe den ominösen Kilbisonntag, wo die Szene stattgefunden haben soll, erst in der Kirche, dann zu Hause verbracht.

Ob Anna willens sei, diese Aussagen an der Folter zu erhärten?

Sie ist willens.

Die gütlichen Verhöre werden durch die Terrizexamen abgelöst. Am 4. April trifft der Scharfrichter Volmar aus Wyl ein, »*vor der Commission wird er beschieden und gehörig instruirt*«. Die Kommission gestattet, daß der neunzehnjährige Sohn des Scharfrichters, »*der gerne zusehen und lernen möchte, wie die Sachen zugehen*«, den Funktionen beiwohnt.

Der Schrecken hat Methode.

Der Meister seines Faches kennt das Zeremoniell: Die Einschüchterung wird gesteigert, erst verbalis, später realis. Beim ersten Terrizexamen stellt sich der Scharfrichter im Gang auf, Anna sieht den gedrungenen Mann mit dem Schwert. Während der Befragung stellt er sich stumm neben sie.

Im zweiten Terrizexamen am 5. April wird Anna in das Folterhäuschen hinuntergeführt. Sie muß sich auf das Torturstühlchen setzen. Der Scharfrichter kommt, während er ihr die Instrumenta zeigt, nahe mit seinem Gesicht: Es ist breit, voller Kerben, nicht finster, nur verschlossen, ernst, und die Genauigkeit um Mundlinien und Nasenflügel, er könnte auch vor Büchern in einem Kontor sitzen.

Er zeigt die Daumenschrauben, *Polletra,* die Schnüre, *Fidiculae,* ein Halsband mit nach innen gerichteten Stacheln, die Foltersteine, die Zangen, die Leiter, an der man die Maleficanten aufzieht. Als Exempel bindet er Anna die Schnüre um die Handgelenke, sie spürt sie bis ins Mark der Knochen hinein. Tränen rollen ihr über die Wangen.

Die leidenschaftslose Art des Meisters von Wyl wird gerühmt, die Genauigkeit, mit der er seine Pflicht tut.

Nur der Neunzehnjährige stört mit seinen neugierigen, lebendigen Augen, dem Umstand, daß er es nie lange auf dem gleichen Fleck aushält, auf und ab geht, aus dem Fenster schaut.

Ob sie immer noch behaupte, Steinmüller habe ihr das Leckerli gemacht?

Sie nickt.

Darauf wird Steinmüller auf seine dringliche Bitte hin in das Folterhäuschen geführt.

Sein Erscheinen löst in Anna größere Erschütterung aus als der Scharfrichter. Klein und krummbeinig steht er zwischen den Examinatoren. Mit Worten und Blicken appelliert er an die alte Anna in ihr, die eingeschüchtert, furchtsam zusammengekauert noch in ihr steckt:

Sie solle einem alten Mann, der ihr niemals nichts zu Leide gethan, viel mehr Gutes erwiesen habe, nicht unglücklich machen, sie wisse wohl am besten, daß er unschuldig sey.

Sein flehentlicher Blick.

Anna, sie spielen uns gegeneinander aus, durchbrich ihre Spielregeln. Sie spüren, daß wir mehr wissen, wittern unser Anderssein am Angstschweiß. Wir haben nie zu ihnen gehört, sitzen auf dem Zaun, rittlings ein Bein bei ihnen, das andere bei den Waldschatten, den Pilzlamellen, den weißflügligen Ameisen, den Blumenkelchen, aus denen nachts das Geheimnis entsteigt.

Anna widerruft. Steinmüller möge ihr verzeihen.

Er faßt nach ihrer Hand, dankt ihr unter Tränen, verspricht, er wolle für sie beten.

Nachdem Steinmüller abgeführt worden ist, geht das Examen mit der erschöpften Inquisitin weiter.

Man will wissen, wie es dann, ohne Steinmüllers Mitwirkung, mit dem Verderben des Kindes zugegangen sei.

Anna seufzt, schweigt.

Kommt schließlich auf den bösen Geist zurück.

Die Wißbegierde der Herren ist, was den Teufel anbetrifft, unersättlich.

»Wer hat dir die Sachen gegeben?«

»Der Bös geist in den Klauen in einem Papierli mit sagen, da hast jetzt das ding, sie habe solches zwey tag zuvor begehrt, und der Teufel seye zweymalen bey ihro gsin, in einer wüsten unflätigen gestalt ...«

»Wo, zu welcher Zeit, und mit was Worten hast du dem Teufel gerufen?«

»Sie habe zum Kuchenpfenster hinaus um 12. uhr in der nacht Da niemand mehr aufgewesen, gerufen, o böser Geist komm doch, und bring mir etwas für das Kind, sie seyen uneins ...

Sie habe nit gesehen, wo der bös Geist hineingekommen, er könne zu jedem Loch inen.«

Nach dem dritten Terrizexamen soll Anna ihre Aussagen an der Folter erhärten.

Ihr nackter Leib, der die Leiter hinaufgezogen wird, diesmal noch ohne Stein. Sie hat *»ein starkes, fürchterliches Geheul gemachet, an solcher aber keine Thränen wahrgenommen worden«.*

Während sie an der Folter hängt, wird sie befragt.

Die gleichen Fragen, immer wieder, wie Peitschenhiebe. Sie bleibt bei der Teufelsversion, der Teufel habe ihr in Papier eingewickelt *»röthlich gelben Wurmsaamen und weißes Gift«* überreicht, sie habe die Ingredienzen dem Kind in angefeuchtetem Brot gegeben.

Das tönt für die Examinatoren plausibel, erweist sich aber als Sackgasse, weil Anna Maria Tschudi nichts von Brot wissen will, auf dem von Steinmüller verfertigten Leckerli beharrt.

Am 13. April das zweite peinliche Verhör.

Anna wird mit einem schweren Stein, der ihr an die zusammengebundenen Füße gehängt wird, hinaufgezogen. Zum Erstaunen der Kommission gibt Anna kaum

Zeichen des Schmerzes von sich, das wird zuerst dem Teufel zugeschrieben, aber das Protokoll vermerkt: »*Der Scharfrichter von Wyl aber, welcher ein ganz vernünftiger Mann überhaupt aus seinem Benehmen scheinet, hat angezeigt, daß es ganz natürlich sei, daß der Person es minder schmerzlich gefallen, von darum, weil durch den ersten Aufzug in denen Gliedern die Ausdehnung erfolget sey und in dem zweiten Aufzug die schon erfolgte Ausdehnung nicht mehr habe geschehen müssen.*«

Wieder die Befragung, während sie nackt die Tortur erleidet. Man sagt ihr, das Kind wolle nichts von dem angefeuchteten Brot wissen. Da widerruft sie ihr Aussagen vom Teufel, kehrt zu der Version vom Leckerli und von Steinmüller zurück.

Sie hat genug, ist am Ende der Kraft.

Am 8. Mai die schwerste Tortur, »*wo die Delinquentin mit dem Gewichtssteine zum zweiten Mal hart aufgezogen, lang hängend gelassen und bei denen Hauptfragen immer stark gezuckt, ja überhaupt auf das Allerscherfeste gepeinigt worden ...*«

Der Schreiber kann das Stöhnen nicht mehr hören, es verfolgt ihn nachts. Die Hände klamm vor Schweiß sucht er nach einem neuen Bogen, ihn dauert das reine Papier, das er mit dieser vertrackten Fragerei beschmutzen muß. In was für eine entsetzliche Sache er sich da hineinschreibt, seinen Namen unter ein Protokoll setzt, das so verworren ist, daß es keine noch so artige Kalligraphie rettet.

Ob sie ihre Angabe, Steinmüller habe ihr das Leckerli gegeben, unter der Folter erhärte?

Anna preßt, während sie mit einer glühenden Zange gepeinigt wird, ein Stöhnen heraus, ein gehauchtes Ja.

Der Sohn des Scharfrichters übergibt sich.

Kubli beendet das Protokoll: »*Entlich ist die Göldin entlassen, matt und hart zugerichtet, wieder in den neuen Thurm gethan worden.*«

Anna mit ihrem geschundenen Körper.

In der Nacht träumte sie: Ein Stern, der näher kam, aus dem alle früheren Annas wie Sternschnuppen sprangen. Als wollte ihre Seele sagen, du bist nicht nur die jetzige, du bist auch die andern Annas.

Im Traum war Melchior in allen ihren Sinnen.

Anna, leg dich zu mir, du machst mich gesund.

»... die Gesundheit der Herrschaft, ihr Wohlergehen dir mehr als alles andere angelegen seyn lassen ...«

Sie sei die Fülle, eine köstliche Frucht, er begehre sie.

»... ihnen auch in kranken Tagen mit williger Geduld abwarten, und in allen rechten Sachen ihnen auf Wink und Augen sehen ...«

Er betrachtete lange ihren Körper.

Anna, wo fängst du an, wo hör' ich auf.

Sonst sagte er nichts mehr. Das war ihr lieb.

Wenn er redete, tönten seine Sätze, seine Wörter für sie wie aus Büchern abgeschrieben, als spräche ein anderer aus ihm. Sie stand am Ufer, getrennt durch seinen Wortfluß. Der stumme Melchior war ihr näher.

»... Sie fand Dienste. Ein junger Herr von ansehnlicher Familie, eines bessern Schicksals würdig, geriet in ihre Fallstricke, und ward das Opfer ihrer übel geordneten Leidenschaften ...« (Lehmann)

Daß sie schwanger war, hatte er selbst gemerkt, kein Wort kam über ihre Lippen. Er tröstete, alles werde sich geben, die Weihnachtszeit mache die Herzen, auch das seiner Mutter weich.

Anna, die Schüssel in der Hand, stand auf der Schwelle zum Eßzimmer, blickte auf den mit Kerzen geschmückten Baum. Die Lichter zitterten, als spiegelten sie sich im Wasser.

Anna, kommt. An Weihnacht, so will es die Familientradition, sitzen die Diensten mit der Herrschaft zu Tisch, eingedenk, daß unser Herr im Stall ...

Anna wird es hinter dem Goldrandteller flau. Das Kind, ein Zwicki-Sproß, sitzt mit am Tisch, regt sich im Bauch der Magd.

Zur Bescherung wechselt man in den Salon hinüber.

Die jüngeren Kinder vertiefen sich in ihre Spiele.

Mutter und Melchior auf einer der geschnitzten Bänke, vom Erbauer des Hauses in den Fensternischen angebracht, zum artigen Gedankenaustausch, harmonischen Ausklang der Abende bei neckischem Gespräch.

Die Anna, Frau Mama.

Die Augen der Frau Pfarrer Zwicki sind wimpernlos, ein Schlupflid wie bei Vögeln, das bei der kleinsten Irritation zuckt.

Ihre Anmut, Dienstfertigkeit, ihr beweglicher, unverdorbener Geist . . .

Die Brauen der Frau Zwicki, von Natur aus bogenförmig hochgeschoben, deuten einen Zustand dauernden Erschreckens an.

Von wem sprichst du, Melchior?

Von der Anna, Frau Mama.

Ihr nervöses, an Vögel erinnerndes Rucken mit dem Kopf.

Eine Mésalliance kann sich nicht einmal ein Zwicki leisten, Melchior.

Die Zeiten ändern sich, Mama.

Causerie, mon cher, aus den Plüschsesseln der Salons. Keiner dieser Aristokratensöhne sägt sich den Ast ab, auf dem er sitzt. Die Familienehre, Melchior.

Die Familienehre gehe dem Camerarius über alles, sagte der junge Privatlehrer Steinmüller, das erkenne man, wenn man die Liste der von ihm verfaßten Werke durchgehe. Die Vorliebe für den Glanz seines Hauses finde man nicht nur in Stammtafeln und Genealogien über das »distinguierte, berühmte und uralt adelige Geschlecht der Tschudi von Glarus«, er nehme auch in den geschichtlichen Werken seinen großen Landsmann und Geschlechtsverwandten Ägidius Tschudi über Gebühr in Schutz, und in der ›Geschichte des Cantons Glarus in Biographien hervorragender Männer der Familie Tschudy‹ bildeten die bedeutenden Männer der Familie Stamm, Äste, Zweige, die historischen Ereignisse aber Blätter, Blüten, Rankwerk am Tschudischen Stamm.

Er, Steinmüller, fürchte, die Anna werde der Geschichte der Familie Tschudi noch ein düsteres Blatt beifügen, wenn der Camerarius, der ja unbestritten ein Mann von ausgedehnter Gelehrsamkeit und seltenen Verdiensten sei, den Handel nicht zu einer acceptablen Wendung bringe, das liege immer noch in seiner Hand ...

Der Camerarius rang empört nach Luft.

Da hatte so ein Schwätzer Dinge, die sich im Moment im Land abspielten, nach außen getragen und verzerrt dargestellt! Und als Resultat davon schickte ihm der oberste Leiter der evangelischen Kirche in Zürich, der Antistes Ulrich, diesen Brief, datiert vom 19. April.

Erlauben Sie mir, HochEhrw. Herr, mich über eine Sache, die mich allerdings sehr interessirt, bey Ihnen näher zu erkundigen. Ist es wahr, was das Gerüchte sagt, daß es zu Glarus Leute giebt, die in allem Ernst glauben und behaupten, daß eine gewisse Magd einem minderjährigen Kinde in seiner gewöhnlichen Speise eine große Menge Stecknadeln und eiserne Nägel, und was weiß ich, was noch mehr, beygebracht habe?

Ist es wahr, daß auch Männer von Rang und Ansehen bey Ihnen sich von diesen albernen Gedanken haben einnehmen lassen? Ist es wahr, daß die unglückliche Person, auf die man diesen lächerlichen Verdacht geworfen hat, noch immer im Gefängnis sitzt, und so gar in Gefahr ist, um dieses eingebildeten Verbrechens willen durch die Hand des Scharfrichters das Leben zu verlieren?

Nein, das kann, das will ich zur Ehre Ihrer Kirche und

Ihres Freystaats nicht glauben. Es wäre in der That auch gar zu betrübt, wenn man in unserem aufgeklärten Jahrhundert jene schauervolle die Menschheit sowohl als das Christenthum entehrende Tragödien, die unter dem Schutz des Aberglaubens hie und da aufgeführt worden sind, in einem protestantischen Lande und zwar in einem solchen, wo die edele Freyheit vorzüglich ihre Wohnung aufgeschlagen hat, wieder erneuern wollte. Das würde nicht nur Ihrem eignen Hochlöbl. Stande, sondern es würde der gesammten Eydgenossenschaft und insbesondere auch unserer reformirten Kirche vor dem ganzen erleuchteten Europa zur größten Schande gereichen. So, HochEhrw. Herr, denke nicht nur ich für meine Person, sondern so denken auch alle vernünftigen Männer in unserer Stadt vom kleinsten bis zum größten. Und das habe ich mich in meinem Gewissen verbunden beachtet, Ihnen im brüderlichen Vertrauen zu eröffnen ...

Ich füge also nur noch die Versicherung bey, daß ich die Ehre habe mit aller schuldigen Hochachtung zu seyn.

Zürich, den 19. April 1782

JOH. RUD. ULRICH, Antistes

Der Camerarius setzte sich sofort an seinen Schreibtisch. Stattete für das Schreiben wärmsten Dank ab. Erzählte anhand der Eintragungen in seinem Diarium umständlich die Krankengeschichte. Beantwortet dann die Frage des Antistes, ob es wahr sei, daß sich Männer von Rang und Ansehen von diesem albernen Gedanken einnehmen ließen, in folgender Weise:

Es ist eine klar aufgeheiterte Thatsache, alle die vorerzehlten verderblichen Materialien seyen vom Kind unter tausend Schmerzen ausgeworfen worden. Das kann eine große Menge verständiger, redlicher, alles genau prüfender Zeugen, die es mit Wehmut angesehen, eydlich bewähren und bestäten. Das Corpus Delicti ist an der Stelle, nicht nur scheinbar, sondern wesentlich. Die Schlange, welche das unschuldige Kind gebissen, hat dasselbe wieder geheilet. Das jämmerlich mißhandelte Kind ist kurirt und wandelt. Wie kann das jetzt albern seyn, wann man das glaubt? was man mit eignen Augen sieht, und eignen Ohren hört? In dem erleuchteten gegenwärtigen Jahrhundert werden wir doch auch noch unsere gesunde Sinne benutzen und demselben trauen dürfen?

...

Gesetzt aber, sie sprechen der Göldinn das Leben ab, mit was Recht kann das unpartheyische Publicum solches tadlen? Sind dann die unglücklichen Leute, die ihre eigne Leibesfrucht verderben und die unschuldigen Kinder ihrer gütigen Herrschaft elendiglich zurichten, sind die nicht straf – ja, todeswürdig?

...

Gönnen Sie mir Dero werthe Freundschaft, und bleiben Sie versichert, daß mit der schuldigsten und tiefsten Hochachtung allstets sey
Glaris, den 14/25 April 1782
                          JOH. JACOB TSCHUDI, Pfarrer

Der zweite Anlauf am Sylvesterabend.
Melchior mit seiner Mutter auf der Fensterbank.
Das Schneelicht des Wiggis auf ihrem weißen Haar, ein Netz hält es in Zucht, nichts Widerborstiges zwängt sich durch die Maschen.
Ich und die Anna, Frau Mama.
Und?
Die Anna erwartet ein Kind.
Mir wird übel, Melchior. Mein Riechfläschchen!

13

»*Wer die Thäler von Glarus bereist, wandert durch eine große Fabrik in lebendigster Betriebsamkeit.*

Diese armen, zwischen fürchterlichen Felsen verborgenen Hirten, von jeder Unterstützung entblößt, haben sich bloß durch die Geistesregsamkeit und Ausdauer mehrerer Gewerbszweige zu bemeistern gewußt und bieten das auffallende Beispiel eines der industriösesten Völker dar.«
(Johann Gottfried Ebel, 1802)

Die Welt rolle in continuierlichem Fortschritt auf ihre von Gott geplante Perfection zu, wo die Schlange den Giftzahn verliert, das Unkraut vernichtet, der Wildwuchs gestutzt wird, über den stattlichen Häusern der Bürger von Glarus die Fabrikschlote der Baumwolldruckereien, der Baumwollspinnereien, der Musselinweberei: Zeichen der Regsamen und Strebsamen, die Natur fortschreitend veredelt durch Civilisation, eine säuberliche, übersichtliche Welt.

Aber immer wieder, dachte der Camerarius, gefährdet ein Weib die terrestren Paradiese, bringt die beste aller möglichen Welten aus ihrem Gleichgewicht.

Von der Kanzel blickte er auf das durch den Mittelgang streng nach Geschlechtszugehörigkeit getrennte Volk hinunter, hier die dunkle Masse verheirateter Männer, in schweren Mänteln aus braunem, nach Erde und Stall riechendem Tuch, fruchtbares Erdreich, in das er seinen Wortsamen streuen konnte.

Die Frauen drüben heller, uneinheitlich mit dem Wirrwarr von Hauben, Trachten, da und dort auch modische französische Gewänder, eine beständige Unruhe strich wie Wind über die Reihen hin, das mochte an den langstieligen Blumen liegen, die sie in den Händen hielten, hin und her bewegten, während der Predigt daran rochen oder gelangweilt in den Schoß sinken ließen.

Die Frauen, dachte er, sind schlecht zu erreichen, trotzen der Veredelung, schon Salomon nannte das Weib Meer – ungeformte, bloße Materie.

Der Schlosser hatte bis jetzt den Fangfragen, den Wörtern mit Widerhaken Trotz geboten, aus mancher Schlinge den Kopf gezogen mit einer schlagfertigen Antwort, einer Gegenfrage voll Mutterwitz. Der Gedanke, Hilfe an seinen Verwandten zu haben, gab ihm Kraft. Die Magd des Landweibels hatte ihm die Kopie eines Briefes in die Zelle geschmuggelt, ein Schreiben der Steinmüllerschen Anverwandten an die Obrigkeit. Sein Schicksal hatte die Intelligenz der Familie mobilisiert, der brillante Stil ließ auf einen der beiden Jakob Steinmüller als Verfasser schließen, auf den jungen Privatlehrer oder den gelehrten Pfarrer in Matt, dem, so hatte einer der Examinatoren durchblicken lassen, die Sache des Schlossers zu Herzen ging. Der Pfarrer, der Feldprediger im sardisch-piemontesischen Bataillon gewesen war, hatte schon einmal die glarnerische Öffentlichkeit mit einem Brief aufgerüttelt, die »Herren Land-Leute zu Glarus« nach einem Tumult an der Landsgemeinde zu demokratischem Gebaren gemahnt. Jetzt schrieb er, ob es denn wahrscheinlich sei, daß ein Mann, der über höllische Zauberkunst verfüge, sechzig Jahre lang als Schlosser unauffällig ein ehrliches Leben führe und kein Kapital schlüge aus seiner Kunst?

Trotz des Schreibens blieb Steinmüller eingesperrt, der Scharfrichter drohte ihm in einem Terrizexamen mit der Folter, wenn er nicht mit der Wahrheit herausrücke.

Steinmüller gab zurück, die Obrigkeit müsse es verantworten, wenn sein alter Körper nach der Peinigung nicht mehr zur Arbeit tauge.

Da wurde ihm ein zweiter Brief zugespielt, seine Frau hatte ihn einem vierzehnjährigen Mädchen diktiert:

»Lieber Ehemann, Gott stärke und tröste dich in deinem Jammer, und helfe dir in Gnaden deine Unschuld retten. Nur bedaure deine Einfalt, daß du mit dem verfluchten Luder noch so unverantwortlich höflich und recht verdächtig das Unthier bittend mit solchem Hund

umgehen kannst. Das ist Schuld, warum du noch im Ar-
rest sitzen mußt.«

Sie gab ihm genaue Anleitung, wie er sich benehmen müsse, um frei zu werden.

Am 3. Mai verlangte Steinmüller, daß man ihm die Anna nochmals vor Augen führe. Er nannte sie im Beisein der Examinatoren Höllenhund, Luder, zog einen Schuh aus und warf ihn nach ihr. Man fragte ihn, was sein Benehmen zu bedeuten habe. Er sagte: Die Geduld gehe ihm aus; mit Anstand, Bitten und Beten sei seine Lage nur schlimmer geworden; man habe die Haft verschärft, seine Kost geschmälert. Schließlich mußte er zugeben, daß seine Frau ihm geschrieben hatte.

Nun wollte man mit der Folter ernst machen, zumal man seine Wohnung und Werkstätte durchsucht und ein Buch gefunden hatte, »in welchem allerley geheime zum Verderben des Menschen abzweckende Kunststückchens geschrieben standen«.

Vor der Tortur riet man ihm, er solle mit seinen Verwandten Rücksprache nehmen. Man gab aber nicht den Autoren der Bittschrift, sondern zwei andern, der Obrigkeit ergebenen Verwandten Zutritt: dem Seckelmeister Zwicky und dem alten Schulmeister Steinmüller. Die beiden brachten ihm keine Hilfe, setzten statt dessen mit Drohungen zu: Wenn er zu leugnen fortfahre und dann unter der Folter doch bekennen müsse, so würden sie sich seiner nicht mehr annehmen.

Unmittelbar nach der Unterredung, im Beisein der Verwandten, folgte das Verhör.

Steinmüller, erschöpft, gehetzt, wich dem Anblick der Examinatoren, des devoten alten Lehrers aus.

Vor den Fenstern Glarus, ein endzeitliches Glarus, violett im Schatten des Berges.

In einer Vision sah er den Schützenmeister zuoberst auf dem Glärnisch sitzen, die Anna Maria Tschudi auf dem Schoß, halb Kind, halb Greisin in schneeigem Gewand und irrlichterndem Blick, in dem sich Glarus verkleinert und auf dem Kopf stehend widerspiegelte, die Häuser verkohlt, die Straßen voller Schutt, und Doctor Marti schrieb an einem Tisch auf dem trümmerübersäten Adlerplatz an einem Visum und Repertum, diagnostizierte eine Krankheit, an der die Welt zugrunde ging, und in dieses endzeitliche Chaos drang des Landvogts Altmann hüstelnde Stimme:

Ob er kanntlich sei, der Anna Maria Tschudi das Lekkerli gegeben zu haben?

Er sei kanntlich.

Auf die Frage, wie er es hergestellt habe, holte er aus:

»Er habe Stahlspähne genommen und von einem Stein etwas, der lange bei der Ankenwaag umen trolet sei und Ihme der Bohlen David bestellt habe, mit Sagen, es habe solcher Stein ein Knecht aus dem Kleinthal gebracht, wo man vermeint, es sei Gold darin; von dem Stein habe er noch zu Haus; wenn man solchen zerschlagen, so seien in der Mitte gelbe Körner, wie von einem Strahlstein; ferner gelb ausgebrannten Vitriol habe er genommen; item das Weiße vom Ei und Mehl, ein wenig gebrannter Gips und Honig, habe ein Teigli gemacht, und auf einem eisernen Blech in der Schmitte bei Kohlenfeuer gebacken.«

Papistischen Unsinn brauche man sicher nicht zu übernehmen, sagte der Camerarius auf dem Heimweg zum Seckelmeister Zweifel, den »Hexenhammer« solle man in der Versenkung lassen mit den abstrusen Vorstellungen von Incubi und Succubi, Flug- und Tierverwandlungen, Besenritt.

Aber der Kampf gegen die Verderberinnen habe auch in der protestantischen Kirche Tradition, das müsse selbst dem Antistes in Zürich bekannt sein. So habe Calvin in Genf über das Weib von Endor gepredigt, »die Bibel lehret uns, daß es Hexen gibt und Zauberinnen zu Tode gebracht werden müssen«. Calvin habe 1545 rigoros in die Hexenprozesse von Peney eingegriffen. Und schließlich habe selbst Luther nach eigenen Aussagen mit dem Teufel gekämpft, und in seinem Wittenberg seien vier Hexen verbrannt worden.

Er behaupte, die Hexerei sei vor allem eine Sünde des Hochmuts, man wolle Grenzen überschreiten, die Gott für die Menschen gezogen habe. Die Frau halte er für diese Art Hochmut für besonders anfällig. So verwerflich und antiquiert der »Hexenhammer« im einzelnen sei, so enthalte er doch gute Ansatzpunkte. Die Autoren Sprenger und Institoris leiteten das Wort femina von fe und minus her, fe = Glaube, minus = weniger. Das Weib zweifle schneller, leugne den Glauben schneller ab, was die Grundlage der Hexerei sei.

Die Frau sei ein wilder Garten, der gezähmt und veredelt werden müsse, der Jurist und Staatstheoretiker Jean Bodin bezeichne in diesem Sinn die Herrschaft des Mannes über die Frau als die Herrschaft des Verstandes über die Natur, der Vernunft über die Begierde, der Seele über den Körper.

14

Anna, du liebst zu absolut.

Dieses Sonnenauge über uns, das den ganzen Himmel ausfüllt, vor dem ich Angst habe, daß es uns versengt.

Vernunft, Anna, kein Wolkenkuckucksheim.

Es wäre gegen die Vernunft, es zu erzwingen.

Ich gebe dir die Adresse eines Kollegen in der Gebäranstalt in Straßburg.

Sich entfernen durch den einzigen Durchlaß der Reuse, oberhalb von Mollis Richtung Kerenzerberg.

Sich entfernen von etwas, das man liebt, mit jedem Schritt der Entfernung kühlt die Luft ab, auf der Höhe beginnt es zu schneien, aber die Straße behält die Farbe einer nassen Schiefertafel. Immer weiter, hinein in die gemäßigten Zonen der Mittelmäßigkeit, wo keine Leidenschaft mehr die ehrgeizigen Pläne durchkreuzt.

Anna, noch ist es keine Zeit für die Liebe, kein Raum da, im Keim wird sie erstickt.

Ich gebe dir Geld, Anna.

Sie lehnt ab. Nimmt sich vor, sich in Straßburg eine Stelle als Magd zu verschaffen, das Kind in beste Pflege zu geben, auch wenn sie jeden verdienten Gulden zur Amme tragen muß.

Adieu, Anna.

Auf später. Die neue Zeit, sie kommt.

Auch die Frau Mama wird nicht ewig leben.

Nicht hinhören. Unbeirrbar weiter, keinen Blick zurück, der verkleinert und für alle Zeiten verzerrt. Ein Stück von sich selbst zurücklassen wie die Eidechse auf ihrem Fluchtweg. Die Zeit, von der wir träumen, ist alt, ehe sie geboren wird, gerinnt auf der Füllkachel zur griechisch eingekleideten Idylle.

Von der Ziegelbruck weg mit einem Plattenschiff Richtung Zürichsee, Rhein, Straßburg; ob das Kind in dieser Kälte, die ihr durch die Kleider dringt, ausreift, auch der Mond über den langsam in den Hintergrund rückenden Glarnerbergen ist grün, eine unreife Frucht.

Schnee macht die Linthebene weiß unter einem Himmel von milchigem Glas.

Dieses unablässige Rieseln von Schnee, von winzigen Zeitteilchen, dieses Vorbeitreiben an reifverkrusteten Schilfrändern, außer Ort und Zeit.

Auch im Gefängnis dieses Gefühl der davonrieselnden Zeit, dieses Weggleiten aus dem Jetzt und Hier. Auf welches Ziel hin?

Nur die Berge verharren an Ort, werden, wenn es sie, Anna, nur noch in Kublis verschrobenen Protokollen gibt, immer noch unbeweglich dastehen. Die Berge sind ewig, aber der Mensch kurzlebig, zuckend, empfindlich mit seinem schutzlosen, verletzlichen Körper.

Visum des Medic. Doct. und Kohrrichters Joh. Marti.
Auf Befehl eines Hochweisen Kirchenraths hat Unterzogener mit der hierzu verordneten Ehren-Commission sich zum Gefängnis des unglücklichen Steinmüllers verfügt, allwo die Scharfrichter denen sämtlich anwesenden Hochgeehrtesten Herren den todten Körper mit dem Strick um den Hals vorgewiesen, und nach Ablösung des Stricks den davon um den Hals tief eingeschnittenen blauen mit Blut unterlaufenen Ring gezeiget haben, aus welcher Ansicht, nebst dem aus Maul und Nase gedrungenem Schaum das deutlich erhellet, daß die Erwürgung durch den Strick die wahre Ursach dieses unglücklichen Todes gewesen, welches also pflichtgemäß bescheinet seiner Hochgeachteten und gnädigen Herren gehorsamst ergebener Diener (Joh. Marti).

Der Schlosser hatte sich den Eisenstäben, deren Zuverlässigkeit er vom täglichen Umgang kannte, lieber anvertraut als den Verwandten; am 12. Mai erhängte er sich an einem Leintuchstreifen am Gitter der Kerkertür. Steinmüller für immer entwischt mit seinen Geheimnissen, höllischen Backrezepten; der eilig zusammengerufene Rat sah sich geprellt. Nichts als billig, daß der Übeltäter noch im Tod gerichtet wurde, das Protokoll hielt fest:

»M. G. H. u. O. erkennen darüber, auf ihren Eid jedoch in Gnaden: daß sein Leichnam als ein Vergifter dem Scharfrichter übergeben sein solle, von selbem in einen Sack gethan, wohl verbunden durch das oberste Fenster an einem Seil außengelassen, auf einen Karren gethan, auf demselben bis zum Hochgericht der Reichsstraße nach gefahren, dorten die rechte Hand abgehauen, dann der Körper wohl 3' tief unter dem Hochgericht verscharrt und letztlichen annoch seine rechte Hand auf den Galgen genagelt werden sollte – – – ihme zur wohlverdienten Bestrafung und Andern zum schreckenden Exempel.«

Das Steinmüllersche Vermögen wurde zuhanden des Evangel. Landsäckels konfisziert.

Die untergehende Sonne hatte den Fels rötlich gefärbt; jetzt legte die Dämmerung einen Graufilter über das Blattwerk der Linden.

Auch das Grün geträumter Wiesen trägt dieses Dämmergrau. Die Häuser, selbst so körperhaft klotzige wie das Zwickihaus, schrumpfen, werden zu flachen Kulissen, die sich willig zusammenschieben, gefällig gruppieren lassen. Melchior, wie er langsam mit einem Buch in der Hand durch den Obstgarten geht, durch die ostwärts gelegene Tür entschwindet. Anna bleibt zurück unter den Dämmerbäumen.

Bäume. Ihr seid mir nah.

Der Wind, der sich zwischen den Felsleibern durchdrängt, hat die letzten Blätter geholt.

Soll man Anna lebenslänglich hinter Gitter stecken, oder übergibt man sie dem Scharfrichter? Im Rat entwickeln sich lange Diskussionen. Es gibt Leute, die à tout prix eine Hinrichtung verhindern möchten, auf ihre Anfrage hin hat sich der Stand Zürich bereit erklärt, die »Glarner Hexe« ins »Schellenwerk« aufzunehmen.

Dieses ominöse Wort Hexe. Es muß strikte in den Protokollen und im Urteil vermieden werden, Kubli. Verderberin, Vergifterin, Übeltäterin, Unholdin: alles ist weniger verfänglich.

Nach Zürich, das fehlte noch, sagen die Tschudischen, der Brief des Antistes Ulrich ist bezeichnend für die Arroganz der sich für illuminiert haltenden Bürger. Die stellen durch neue Untersuchungen alles in Frage, zerren ans Licht, setzen uns statt der Anna Teufelshörner auf, stempeln uns zu Hinterwäldlern . . .

Die Anna muß weg. Totsicher.

Der ganze Spuk klaftertief verlocht unter dem Hochgericht.

Was auch mit Anna geschieht, deine Schande bleibt, sagt Frau Tschudi.

Du sollst dich in deinem Zustand nicht echauffieren, sagt der Fünferrichter, die Gerüchte schaffe ich aus der Welt.

15

Das winterliche Zwickihaus. Wie eine Arche treibt es im Schneegestöber davon, das glimmende Licht in der Mitte ist Melchiors Leselampe auf dem Tisch beim Ofen, diesem bläulichen Gebirge, voller Paradiese auf den Füllkacheln.

Winterbäume, von Vögeln durchflattert, Wolken verfangen sich in den Skeletten.

Die Stunde der Wahrheit ist da.

Diesen ehemals blühenden, jetzt gemarterten, fiebernden Körper der Anna auf Tschudis Verlangen vor den Rat zerren.

Das Corpus delicti, vom Weibel gestützt, mitten im Ratssaal.

Der Fünferrichter Doctor Tschudi stellt sich in gebührendem Abstand auf. Begehrt zu wissen, im Angesicht der sechzig aufrechten Männer des Rats, ob er sich mit ihr fleischlich vergangen oder ob er von ihr Unzüchtiges verlangt?

Dieser lauernde Ausdruck auf den Gesichtern der Ratsherren. Man hat ihn gewarnt, den Fünferrichter. Ein Irrwitz sei es, der Anna öffentlich diese Frage zu stellen. Jetzt, wo ihre Sache quasi verloren sei, könne sie sich mit einer Lüge noch im letzten Moment an ihm rächen.

Die geringste Zweideutigkeit aus ihrem Mund liefere ihn für immer dem Gespött aus.

Über Anna dieses geheimnisvoll lächelnde Leuchterweibchen, das halb Fischfrau, halb Justizia ist.

Der Vorsteher des Rates, Major Marti, schiebt wie immer in Momenten größter Spannung seine voluminöse Unterlippe vor.

Aber Anna sieht nur den ehemaligen Herrn.

Unsicher ist er, der Herr, sie kennt sich in seinem Mienenspiel aus.

Das hündische Winseln, Zwinkern, Betteln der Augen unter schweren Lidern.

So hat er sie auf der Schwelle angestarrt, als sie sich in der Küche gewaschen hat mit bloßem Oberkörper. Wie damals kreuzen sich ihre Blicke. Wie damals rutscht er, der Blick des Herrn, sucht sich schräg abgleitend eine unverfänglichere Bahn. Anna hat ihn aus ihrem Gesichtskreis gedrängt, sieht die Gestalt des Herrn schrumpfen, schwarz und klein werden, eine Krähe mit aufgeplustertem Gefieder auf dem Winterbaum im Zwickigarten, hört durch wattiges Schneegestöber ihre Stimme: Er war immer correct, der Herr.

Winterbäume leben von der Vertikalen, jeder allein, in stolzem Wuchs. Auch die Bauern in ihrer Heimat gehen so über die winterlichen Felder, Schlagschatten in der Grelle, jeder sich selbst der Nächste.

Danke. Sie kann abgeführt werden, Weibel.

Sonst noch etwas, Fünferrichter?

Der Vorsitzende Marti zuckt mit der Hand, als habe er Fliegen zu verscheuchen.

Ja. Er lehne es ab, Kosten für den Prozeß zu zahlen. Einen andern müsse man zur Kasse bitten. Der alles verzögert, verteuert habe durch die Warnung der Inquisitin.

Aber der letzte Trumpf sei noch in seiner, Tschudis, Hand. Sein Gesicht verzieht sich schwammig, das maliziöse Lächeln steht ihm nicht, dieses anbiedernde Näherrücken mit dem Kopf.

Aus sicherer Quelle sei er Diverses innegeworden.

Der feine Herr aus Mollis habe die Anna nicht wegen seiner Frau Mama gewarnt, sondern um gewisse Calamitäten zu vertuschen . . . Fleischliches sei nicht in Glarus getrieben worden, sondern in Mollis, die Anna habe damals das Land mit dickem Bauch verlassen, im Ausland geboren. Er empfehle den G. H. u. O. den delicaten Sachverhalt zu eruieren ...

Sommerbäume. Die Stufen des Schattens, die sich nach innen verdichten, werden zu Fangtrichtern. Blattgerüche. Die ätherischen Öle halten die Mücken fern, hat Frau Zwicki gesagt, über Melchiors Bett ein Büschel Nußlaub gehängt.

Lindenduft weht herein, Stimmengewirr.

Auf dem Spielhof hat sich Volk versammelt. Musik dringt in Annas Zelle, schließlich Wortgeplätscher.

Ein Poem des Camerarius wird recitiert.

Eine Nachdichtung zwar, mit Bravour aus dem Französischen übersetzt, mit Füllwerk ausgeschmückt:

»Ihr stolzen Linden!

Durch deren kühles Dach kein

Blick der Sonne strahlt.

Geliebter Aufenthalt der Nymphen

dieser Gründen:

Ihr oft verjüngte Blätter,

standhafte Zeugen der Einfalt unserer Väter ...«

Anna auf Schmerzwellen, einbalsamiert von Blütengerüchen. Brandwasser sammelt sich in den Wunden, die länglichen an den Fußgelenken, wo der Folterstein gezerrt hat, sind voll Eiter.

»Der Himmel schützt Euch von den Streichen

Der Zeit, der Winden und der Axt ...«

Applaus. Der Camerarius bedankt sich für die gnädige Attention des Publicums.

Nein, nach Dichterlorbeeren strebe er nicht. Ein launischer Ausbruch aus dem Alltag, der ihn belaste. Das Schäkern mit den Musen überlasse er den Bewohnern lieblicherer Landstriche. Alles müsse man hierzulande am Ernst der Berge messen ...

Gedanken, von ständigem Schmerz aufgeweicht.

Träume mit Wundrändern.

Mit keinem Wort hat sie ihre Beziehung zu Melchior erwähnt, obwohl sich damit hätte renommieren lassen bei andern Mägden, der Herrschaft.

Ein Geheimnis, das man lange mit sich herumträgt, sinkt immer tiefer in einen hinein.

Nähme man das Geheimnis weg, würde man ihr Innerstes, von den Wurzeln des Geheimnisses, ihren feinsten Verästelungen durchsetzt, zerstören.

Am nächsten Morgen wird sie von Blumer nochmals in den Ratssaal geholt.

Die Inquisitoren verlangen Antwort in einer delicaten Angelegenheit.

Ob sie gestehe, geschwängert worden zu sein von Doctor Melchior Zwicki in Mollis?

Anna starrte auf Altmanns rosige, über der Leibesrundung gefaltete Hände.

Sagte dann, nicht ohne Stolz: Sie gestehe.

Wo sie das Kind, nach Verlassen des Landes, geboren?

In Straßburg.

Wo es sei?

Tot.

Mehr ist aus ihr nicht herauszubringen, sie zieht die Brauen zusammen, blickt aus dem Fenster. Inständig hofft sie, daß man ihr eine persönliche Konfrontation mit Melchior Zwicki erspart.

Aber Zwicki ist schon befragt worden.

Kubli hat die Antwort protokolliert: Er gestehe. Hoffe aber, S. G. H. werden ihm nach so langer Zeit (acht Jahre) dieses »Übersehen« verzeihen.

Ihr Melchior, eingegossen in der Erinnerung, hat nichts zu tun mit dem Feigling, dem sie vor einem halben Jahr begegnet ist auf dem Gallusmarkt in Glarus. Zwischen den Ständen ist sie geschlendert, schließlich stehengeblieben vor Hauben, Brusttüchern, seidenen Stoffen aus Venedig und den Niederlanden. Eine Haube hat sie sich aufsetzen lassen mit Rüschen, Spitzen, ihr Bild gesucht, aber der Spiegel ist schwarz gewesen vor Menschen, die vom Adlerplatz her über den Markt schlenderten.

In einer Gruppe Melchior.

Sie dreht sich um, noch hat sie die Haube auf, der Wind spielt mit den Rüschen.

Unwillkürlich macht sie ein paar Schritte auf ihn zu. Ihre Blicke begegnen sich nach so viel Jahren.

Melchior stockt, sein Blick wird unsicher, er geht, als kenne er sie nicht, an ihr vorbei.

Sie steht wie betäubt, die Haube ist ihr schräg über den Kopf gerutscht, sie achtet nicht auf den Händler mit seinen Komplimenten: Er gäbe sie billiger. Für ihr schönes Haar. Anna reißt sich die Haube vom Kopf.

Geht verstört weiter. Merkt nicht, daß ein Kutscher, den sie von Mollis her kennt, um sie herumstreicht. Als sie stehenbleibt, flüstert er ihr zu: Der Doctor Zwicki warte auf sie um sechs in der Erlen.

Schon vor sechs Uhr wird es dämmrig. Sie biegt in die Hauptstraße ein, ein Jäger mit einer toten Gemse auf dem Rücken geht vor ihr her, mit jedem Schritt scheuert der Gemskopf auf dem groben Tuch des Rucksacks, die Gemsaugen stehen offen.

Anna folgt dem Jäger bis zur Ankenwaage, dort macht sie in plötzlichem Entschluß kehrt.

Auf dem Rückweg hängt ein halber Mond über dem Wiggis. Noch ist ein Widerschein der andern Hälfte zu sehen, blaß ausgespart, von dünnem Blau.

Um den Himmel muß man sich hier mehr als anderswo bemühen. Der Blick nach oben, mit zurückgelegtem Kopf, braucht Kraft, Annas Nacken ist steif, die Augenmuskulatur ermattet.

Macht die Ketten länger, Blumer.

Ich möchte am Fenster stehen. Luft. Ich ersticke.

Noch gibt es, wenn sich die Augen nach oben richten, das bißchen Helligkeit zwischen den Spitzen der Berge, blaues, reines Himmelskonzentrat.

Anna, sagt Blumer, der Rat hat über Euer Schicksal beschlossen, Tod durchs Schwert, lautet das Urteil.

Es heißt, dreißig Stimmen seien dagegen gewesen, zweiunddreißig für Euern Tod. Der Kubli soll sich noch für Euch gewehrt haben, jetzt muß er das Todesurteil abfassen.

Der Camerarius und der Diakon Marti sind von den G. H. u. O. beauftragt worden, Euch auf ein würdiges Sterben vorzubereiten . . .

Aus dem Frag-Büchlein, gezogen aus dem Heidelberger Katechismo
Welches sind die Grad und Staffel der Erniedrigung Christi?
Seine armselige Geburt und Leben; sein Leiden und Tod;
seine Begräbnis und Höllenfahrt.
Beweis mir das.
Philipp. II. 7. Christus äußerte sich selbst, und nahm Knechtgestalt an, ward gleich wie ein anderer Mensch, und an Geberden als ein Mensch erfunden.
Frage: Welches ist der andere Grad oder Staffel der Erniedrigung Christi?
Sein großes und schweres Leiden.
Woran hat Christus gelitten?
An Leib und Seel.
Beweis mir das.
Psalm XXII 17, 18. Sie haben meine Hände und Füße durchgraben:
Ich möchte alle meine Beine zählen.
Matth. XXVI, 39. Meine Seele ist betrübet bis in den Tod.
Frage: Zu was End hat Christus gelitten?

Auf daß Er mit seinem Leiden, unser Leib und Seel von der ewigen Verdammnuß erlösete, und uns Gottes Gnad, Gerechtigkeit und ewiges Leben erwurbe.

Beweis mir das.

Johan. III 14, 15. Wie Moses in der Wüste eine Schlange erhöhet hat;

Also muß der Menschen Sohn erhöhet werden, auf daß alle, die an ihn glauben, nicht verlohren werden; sondern das ewige Leben haben.

Hat unser Erlöser nothwendig sterben müssen?

Antw.: Ja freylich.

Die wortreichen Erklärungen des Camerarius um den Tod, von denen keine ins mitternächtliche Schwarz des Todes trifft. Anna bittet darum, allein zu sein. Der Camerarius sagt, sie seien von der Obrigkeit beordert, ihr Trost und Erbauung zu bringen. Dann bitte sie wenigstens um Stille. Diakon Marti hält ihr das Kreuz hin. Sie betrachtet es schweigend, küßt es.

Draußen sagt der Camerarius zum Diakon, die Anna hängt sich an Jesus als ihren letzten Geliebten. Es tönt ärgerlich, so, als gerate damit etwas in seinem Weltbild durcheinander.

Der 18. Juni 1782.

Glarus geschüttelt vom Hexenfieber. Die Schlote der Baumwolldruckereien, die Firste der Spinnereien stechen in einen gelbrötlichen Himmel.

Die Arbeit ruht, das Volk von Glarus und den umliegenden Talschaften strömt zusammen, auf dem Spielhof haben sich die sechzig Männer des Rats aufgestellt, die Federbüsche der Hellebardiere wehen, die scharlachroten Mäntel der Weibel.

Feierliches Gepränge um Annas Tod.

Sie wird aus dem Schreiberstübli des Rathauses geführt, wo man sie in den letzten zwei Tagen von sechs Hellebardieren bewachen ließ.

Dieses Licht. Nach wochenlangem Dämmerdunkel sticht es wie ein Messer in ihren Augen.

»MALEFIZPROZESS und URTEIL über die zum Schwert verurteilte ANNA GÖLDIN aus dem Sennwald:

Die hier vorgeführte, bereits 17 Wochen und 4 Tage lang im Arrest gesessene, die meiste Zeit mit Eisen und Banden gefesselte arme Übeltäterin mit Namen Anna Göldin aus dem Sennwald hat laut gütlich und peinlichen Untersuchen bekannt, daß sie am Freitag vor der letzten Kilbi allhier zwischen 3 und 4 Uhr nachmittags aus des Herrn Dr. Tschudis Haus hinter den Häusern durch und über den Gießen hinauf zu dem Schlosser Steinmüller, welcher letzthin in hochobrigkeitlichem Verhaft unglückhafter Weise sich selbst entleibet hat, expreß gegangen sei, um von selbem zu begehren, daß er ihr etwas zum Schaden des Herrn Doctors und Fünfer-Richters Tschudi zweit ältestem Töchterli Anna Maria, dem sie übel an sei, geben möchte, in der bekannten äußerst bösen Absicht, das Kind elend zu machen ...«

Diese Satzschlange, die sich windet und zu Knoten verschlingt, züngelnd den Kopf hebt und sich schließlich selber in den Schwanz beißt ... Kubli liest zu leise, von hinten wird protestiert.

»... betrachtet die große Untreue und Boßheit, so die gegenwärtige Übelthäterinn als Dienstmagd gegen ihres Herrn unschuldiges Töchterlein verübet, betrachtet, die fast 18 Wochen lang unbeschreiblich fürchterliche unerhörte Krankheit und vorbemelt beschriebene elende Umstände, welche das Töchterli zu allgemeinem größten Erstaunen ausgestanden hat ... auch betrachtet ihren vorhin geführten übelen Lebenswandel, darüber zwaren sie, wegen eines in Unehren heimlich gebohrenen und unter der Decke versteckten Kind schon in ihrem Heimat von ihrer rechtmäßigen Obrigkeit aus Gnaden durch die Hand des Scharfrichters gezüchtiget worden ...«

Anna diesen Sätzen, den Blicken ausgeliefert.

»... Derowegen von hochgemelten M. G. H. auf ihren Eid abgeurteilet wurde: daß diese arme Übelthäterinn als eine Vergifterinn zu verdienter Bestraffung ihres Verbrechens und anderen zum eindruckenden Exempel dem Scharfrichter übergeben, auf die gewohnte Richtstatt geführt ...«

Anna soll auf Ordre der Obrigkeit nicht durch die Saaten, sondern durch das Buchholz zur Richtstatt geführt werden: Das Korn, vom Schatten der Inquisitin gestreift, gerät als Brot in den Magen der Bürger, der Kreislauf des Bösen beginnt von neuem.

Anna schleppt sich mühsam mit den Ketten hinauf, bei der letzten Steigung, die sie, auf Blumers Arm gestützt, keuchend nimmt, beginnt vom Flecken herauf die große Glocke zu läuten. Eine dichtgedrängte Menge wartet auf das Spektakel. Bäcker gehen mit Körben durch die Reihen, nach altem Brauch werden bei einer Hinrichtung an die Armen und Kinder Brötchen verteilt.

»... durch das Schwert vom Leben zum Tod hingerichtet, und ihr Körper soll unter dem Galgen vergraben werden, ihr Vermögen konfisciert ...«

Glarus im Junilicht, die Dächer, Straßen, Felswände schimmern. Anna inmitten von taumeligem Weiß, Schwindel erfaßt sie, während die Bergleiber jetzt zusammenrücken, alles Lebendige an ihren Flanken zermalmen, nur noch das Poltern der Steine, das Geschrei der Vögel.

Der Prozeß hatte eine ungeahnte Publizität ausgelöst. Im
›Reichspostreuter‹ vom 4. Januar 1783 wurde im Zusam-
menhang mit dem Hexenprozeß zum ersten Mal der Begriff »Justizmord« geprägt, der Historiker August Ludwig Schlözer druckte diesen Artikel im Februar 1783 in
den Göttinger ›Staatsanzeigen‹ ab.

Schon vor diesen Publikationen erschien in der poli-
tisch-satirischen Zeitschrift ›Chronologen‹ in Nürnberg
eine Abhandlung, die so zynisch war, daß die glarnerische Obrigkeit den am Stil Voltaires geschulten Verfasser
und Herausgeber Wilhelm Ludwig von Weckherlin nach
Glarus vor die Schranken zitierte. Weckherlin erschien
nicht, mit der Begründung, nur »von einem Tollhäusler
sei zu erwarten, daß er sich freiwillig vor einen Schranken
stelle, wo die Partei zugleich Richter sei«.

Darauf wurde Weckherlins »unverschämtes Libell« in
Glarus vom Henker verbrannt, der Verfasser als »vogel-
frei« erklärt.

Heinrich Ludwig Lehmann, Candidat der Gottesgelehrtheit in Ulm, weilte erst nach Annas Hinrichtung im
Glarnerland, er verschaffte sich in Gesprächen mit den
Zeugen einen Begriff vom Hergang des Prozesses. Seine
1783 in Zürich erschienenen ›Freundschaftliche und vertrauliche Briefe, den so genannten sehr berüchtigten Hexenhandel zu Glarus betreffend‹ verstand er als eine Eh-
renrettung der glarnerischen Obrigkeit.

Bezeichnenderweise wurde in der Schweiz keine Kritik
laut.

In Glarus waren die Orginaltexte nach dem Prozeß sofort verschwunden, zeitgenössische Kopien der Originale
wurden im Nachlaß des Untersuchungsrichters Heiz
1783 und 1818 gefunden.

Im Anschluß an den Fall Anna Göldin schien es eine kleine Epidemie gegeben zu haben. Von Kindern, die ähnliche Symptome aufwiesen wie die »verhexte« Anna Maria Tschudi. Die ›Gazette de santé oder gemeinnütziges medicinisches Magazin‹ erwähnt 1783 den Fall der von gichterischen Zuckungen befallenen neunjährigen Tochter des Heinrich Egli und den Fall des Knaben von Wysslingen, der Nägel, Stecknadeln und Steine erbrach. Der in der Ärztezeitung genau geschilderte Heilungsversuch des Irmiger von Pfaffhausen verlief erfolglos, der Knabe gestand schließlich dem Chorherrn Schinz, daß er die Anfälle simuliert hatte. Sieben Jahre nach Annas Hinrichtung litt der vierzehnjährige Heinrich Kubli in Netstal bei Glarus an Zuckungen und Visionen, er erbrach Stecknadeln, Nägel, Hafteln, als neue Spezialität kamen Wacholderbeeren dazu. Nochmals wurde eine Außenseiterin, die aus dem Toggenburg stammende Elsbeth Bösch, als Verzauberin verdächtigt und in Untersuchungshaft gebracht. Diesmal wurde der »verderbte« Knabe, wohl durch die Zürcher Beispiele angespornt, isoliert, im Pfarrhaus beobachtet. Bei guter Nahrung und Spielen blieben die Phänomene bald aus, der Knabe konnte gesund heimkehren. Die inhaftierte Elsbeth Bösch, die wohl fürchtete, es könne ihr ein ähnliches Schicksal wie das der Göldin bevorstehen, sprang aus dem Fenster des Verhörzimmers und blieb mit zerschmetterten Füßen liegen. Sie wurde freigesprochen, blieb aber ihr Leben lang ein Krüppel.

Trotz der hohen Kosten des Göldin-Prozesses (den Gerichtsherren wurde ein Sitzungsgeld von einer Dublone = 8 Gulden, 15 Kreuzer ausbezahlt, den Henkern Vater und Sohn Vollmar 314 Gulden) mußte Doktor Tschudi nicht in die Tasche greifen. Dank der Liquidation des Steinmüllerschen Vermögens und Hauses, den Geldstrafen des Dr. Zwicki entstand für den Evangelischen Rat eine Nettoeinnahme von 754 Gulden. Dies schloß die 16 Dublonen der Anna ein.

Von den Unterlagen für mein Buch seien die wichtigsten erwähnt:

Frei- und Eigenbuch der Vogtei Sax-Forsteck.

Taufregister der Evangelischen Gemeinde Sennwald.

Akten des Anna-Göldin-Prozesses (Kopien Schlittler und Heinz) im Landesarchiv Glarus.

Lehmann, Heinrich Ludewig: Freundschaftliche und vertrauliche Briefe, den so genannten sehr berüchtigten Hexenhandel zu Glarus betreffend, Zürich 1783 bey Johann Caspar Füeßly.

Heer, Joachim: Der Kriminalprozeß der Anna Göldi von Sennwald, Jahrbuch des Historischen Vereins Glarus 1865.

Thürer, Georg: Kultur des alten Landes Glarus, Verlag Tschudy, Glarus 1936.

Gehrig, Jacob: Das Glarnerland in den Reiseberichten des XVII.-XIX. Jh., Jahrbuch des Historischen Vereins Glarus 1943.

Winteler, Jakob: Der Anna-Göldi-Prozeß im Urteil der Zeitgenossen, Verlag Neue Glarner Zeitung, Glarus 1951.

Winteler, Jakob: Geschichte des Landes Glarus, Baeschlin-Verlag, Glarus 1954.

Aebi, Richard: Geschichte der evangelischen Kirchgemeinde Sennwald, Buchs 1963.

Fischer-Homberger, Esther: Krankheit Frau, Verlag Hans Huber, Bern 1979.

Besonders bedanken möchte ich mich bei den Mitarbeitern der Kantonsbibliothek »Vadiana« in St. Gallen und des Landesarchivs Glarus für die bereitwillige Beschaffung des Quellenmaterials und der Genealogien.